U0952496

浩说新三板

新三板财税问题解析

李浩◎主编
孙晓亮　苏　扬◎副主编

经济日报出版社

图书在版编目（CIP）数据

浩说新三板：新三板财税问题解析 / 李浩主编. --北京：经济日报出版社，2016.5

ISBN 978-7-80257-944-6

Ⅰ. ①浩… Ⅱ. ①李… Ⅲ. ①中小企业-上市公司-财税-研究-中国 Ⅳ. ①F279.243

中国版本图书馆 CIP 数据核字（2016）第 099565 号

浩说新三板：新三板财税问题解析

主　　编	李　浩
责任编辑	赵　灿
出版发行	经济日报出版社
地　　址	北京市西城区白纸坊东街 2 号（邮政编码：100054）
电　　话	010-63567683（编辑部）
	010-63588446　63567692（发行部）
网　　址	www.edpbook.com.cn
E-mail	edpbook@126.com
经　　销	全国新华书店
印　　刷	北京市凯鑫彩色印刷有限公司
开　　本	710×1000 毫米　1/16
印　　张	14
字　　数	200 千字
版　　次	2016 年 5 月第一版
印　　次	2016 年 5 月第一次印刷
书　　号	ISBN 978-7-80257-944-6
定　　价	50.00 元

版权所有　盗版必究　印装有误　负责调换

序

新三板——中小企业腾飞之翼

科技创新与资本市场双轮驱动中国崛起，资本市场是科技之母，资本市场是科技创新的的驱动，只有资本市场发展才能让中国人在35年的改革成功之后登上我们再赢30年的战略制高点，走上幸福之路。

2013年5月份习主席提出新常态这一概念后，我们看到今天一系列的变化，特别是资本市场，包括经营创新、大众创业一系列克强总理提倡的举措，全都充分表明了新常态不是简单词汇，而是以深化改革为基础，以深化改革引领新常态。

新三板市场是中国改革的重要市场，作为创新型企业的孵化器，过去被交易所垄断，效益、公平都出了问题，所以新三板的杀出，是对国家资本市场体制的改革，开创三足鼎立新局面，毕竟三条腿的桌子比两条腿的板凳要稳。

从目前新三板的发展态势看，较低的准入门槛使其具备了极大的包容性，一定程度上决定了其更适合向综合性资本市场的方向发展。另外，新三板市场已经逐步处于中国资本市场的中心，内部分层成为必然趋势，逐步形成对中小企业的定价机制，一旦形成深沪交易模式，将进一步引领中国资本市场改革，在美国的纳斯达克就诞生了像微软这样的企业，当年新三板开设时试图办成“小学”，但是三板人不甘心当“小学生”，目前已经逐步形成气候。

发展多层次资本市场体系，是协调整个金融市场体系、顺应市场发展要求的基石，是世界各国资本市场步入高级阶段的共同特征。恰逢其时，李浩小友的《浩说新三板》系列图书出版，希望能给中国中小企业登陆新三板之路一些指引。

科技创新和资本市场大发展是大国崛起必有的两大动力，而新三板将成为科技创新和资本市场最有力的支撑点，通过逐步完善属于自己的企业准入、孵化、培育、发展壮大模式，具备自成一体的市场功能，将成为中国未来的“纳斯达克”。

《孟子》上讲“虽有智慧，不如乘势”。现在的新三板就是大势，真正的企业家、投行家，一定是乘国势而起，与大国同梦，这就是所谓的乘势而起。2016 年中国大时代已经起航，有来自新三板的力量！

是为序！

中国政法大学资本金融研究院院长

前　言

2016年，新三板市场加速扩容，融资规模、挂牌数量进一步提升，作为中国多层次资本市场的枢纽，新三板市场可以与交易所市场和区域性股权转让市场衔接，新三板将打通中国多层次资本市场，加速中国资本市场改革进程。

新三板的吸引力还在于对企业利润没有限制门槛、申报流程短、融资方式灵活，而且估值较高。按照新三板的标准，即便是企业亏损，也是可以上市的，因为新三板更看重企业的未来。新三板的出现，已经对固有的股票交易市场格局造成冲击。不仅拓宽了企业的直接融资渠道，还有利于完善企业的资本结构，增强企业的发展后劲。

中小企业在新三板挂牌将产生多重效应。首先，公司挂牌之后可以有效提升融资功能，助推挂牌公司快速发展。挂牌新三板后，企业可以通过定向增发实现融资，同时挂牌企业在银行授信额度、股权质押方面也会有一些配套优惠政策。

中国需要市场重构的经济主体，在国家政策的大力扶持下，依托"大众创业万众创新"的时代背景，随着市场规模的日益壮大，未来新三板将成为中国资本市场的主体，重构中国经济秩序，开创中国在世界商业格局中的新生态，引领世界经济高速发展。

本书共分为七章，是我根据自己的实际操作经验，总结出的一些经验和心得，主要从企业挂牌、并购、财务、税法、信息披露等多个方面，力求为企业家提供详细、全面的分析和解读。其中的大部分案例我都有所参与，所以自身的体会也较为深刻，这也教会我从企业自身出发，以最接地气的方式进行总结和归纳，让对新三板不甚了解的企业家同样能够读懂，让对新三板挂牌有所了解的企业家能快速解决新三板挂牌过程中遇到的实际问题，希望对广大企业家们有所帮助。书中难免存在瑕疵，也欢迎各位市场人士批评指正。

目　录

第一章

新三板挂牌常见财务问题分析

§ 新三板市场概述 §

全国中小企业股份转让系统（National Equities Exchange and Quotations 以下简称转让系统）是经国务院批准设立的全国性证券交易市场，全国中小企业股份转让系统有限责任公司（以下简称股转公司）为其运营管理机构，在中国证监会的领导下，不断改善中小企业金融环境，大力推动创新、创业，积极推动我国市场健康、稳定、持续发展。全国股份转让系统与沪深证券市场的主板、中小板及创业板市场有所差异，与原三板市场也有所区别，通常被市场各方称为“新三板”。

中国共产党第十八届中央委员会第五次全体会议通过《中共中央关于制定国民经济和社会发展第十三个五年规划的建议》，提出“拓展发展新空间”。用发展新空间培育发展新动力，用发展新动力开拓发展新空间。发展天使、创业、产业投资，深化创业板、新三板改革”。

原老三板首批挂牌企业杭州大自然科技股份有限公司（以下简称大自然）获准在新三板挂牌，并选择协议转让方式，近期有望完成挂牌。这是首家原老三板企业转至新三板挂牌的案例。截至目前，包括大自然在内，两网及退市公司有 55 家企业。大自然挂牌新三板将起到示范作用。

一直以来，国有企业都是中国经济的主导力量，政府主要采取“输血”机制，由商业银行给予贷款，支持国有企业壮大发展，但这种单向资金流动机制无法持续运作。20 世纪 90 年代初，中央政府主导设立主板市场，其核心目标是满足大中型企业，尤其是国有企业的融资诉求。

伴随着上交所和深交所的建立，众多大中型国有企业登陆资本市场募集大量资金，直接融资扮演越来越重要的角色。由于主板市场只面向大中型企业，覆盖面太少，为便于中小企业在资本市场融资，深交所陆续开展扩容，于2004 年推出中小板，2009 年推出创业板，历经约 20 年探索，初步建立了“主板＋中小板＋创业板”的资本市场架构。

但是，我国资本市场发展还存在很多问题。比如：市场化程度不高，直接融资比重偏低，市场层次不完善，产品不够丰富，现有的资本市场远远满足不了企业尤其是中小企业的融资需求，也远远不能满足创新的融资需求。因此，迫切需要深化改革、扩大开放，健全多层次资本市场体系。其中，加大对新三板市场建设是其中最为关键的环节，这也是推动新三板市场快速发展的核心动力所在。

2006年1月23日，中关村科技园区非上市股份有限公司进入代办股份系统进行股权转让。此后2006年10月25日，中科软和北京时代定向增发，获得融资。2009年7月，《中关村报价转让试点办法》正式实施。

2012年8月新三板新增三家试点园区，分别为上海张江高新产业开发区、武汉东湖产业开发区以及天津滨海高新区。9月，证监会公布《非上市公众公司监督管理办法》，全国中小企业股份转让系统有限责任公司成立；2013年2月底发布并实施《全国中小企业股份转让系统业务规则（试行）》；同年6月《全国中小企业股份转让系统挂牌条件适用基本标准指引（试行）》颁布。管理层在一年时间内，迅速发布三条重要政策，初步将新三板运行管理框架搭建完成。2013年底，国务院颁布《关于全国中小企业股份转让系统有关问题的决定》，将其定位为全国性证券交易场所，新三板挂牌企业试点迅速扩大至全国范围，新三板迎来跨越式发展。截至目前，全国性经国务院批准的交易所一共8个，其中有3个证券4个期货1个贵金属：1. 上海证券交易所（股票交易）2. 深圳证券交易所（股票交易）3. 中国金融期货交易所（股指交易）4. 上海期货交易所（商品期货交易）5. 郑州商品交易所（商品期货交易）6. 大连商品交易所（商品期货交易）7. 全国中小企业股份转让系统（股转平台）8. 上海黄金交易所（黄金交易）。

新三板市场对于企业颇具吸引力。

1. 新三板挂牌的法定条件多为定性指标，对财务指标要求不严格。企业登陆新三板用时短、成本低、预期明。全国股转公司对企业申请挂牌不做数量限制，审查不做节奏把控，同时几百家甚至上千家企业在审是一种常态，不同于 IPO 的排队。2015 年上半年，从企业申请材料受理到出具挂牌函的平均周期为 50 个工作日，其中全国股转公司审查时间平均为 38 个工作日。

2. 企业挂牌可获政府补贴。各区域园区及政府政策不一。挂牌总体费用不及创业板挂牌的 1/10。

3. 便利融资。挂牌公司通过发行股票、债券直接融资，在社会信用体系中得到增信并获得更多间接融资，并购、重组等方面都能获得更多便利；挂牌即可进行定向增资，融资次数不受限制。

4. 财富增值：全国股份转让系统允许并鼓励挂牌公司对高管层及核心员工实行股权激励，有利于提高员工归属感，提升企业凝聚力和人才稳定性，新三板上市企业及股东的股票可以在资本市场中以较高的价格进行流通，实现资产增值。

5. 股份转让：股东股份可以合法转让，提高股权流动性。并在公开市场中实现定价功能。

6. 转板上市：转板机制一旦确定，公司可优先享受“绿色通道”。

7. 公司发展：有利于完善公司的资本结构，促进公司规范发展。挂牌后按照全国股份转让系统的要求做好企业规范治理和信息披露工作，有利于企业建立并完善现代化企业管理制度，理顺发展壮大的前提。

8. 宣传效应：在全国股份转让系统挂牌，其股票和主板上市股票一样，在财经频道中会滚动显示股价。挂牌有利于提高企业的行业及社会知名度和影响力，有利于更多的客户、投资人、战略合作者和企业其他所需资源提供者发现企业、了解企业，从而给企业带来更多发展机遇。

但是，众多拟挂牌企业基础薄弱。在备战新三板的过程中，企业不仅要考虑主营业务重组、历史沿革梳理、治理结构规范、持续盈利保障等关键问题，还必须得重视财务问题，主要有以下 9 大财务问题需要企业提前关注并解决。

§ 第一节　会计政策适用问题 §

会计政策，是指企业进行会计核算和编制会计报表时所采用的具体原则、方法和程序。只有在对同一经济业务所允许采用的会计处理方法存在多种选择时，会计政策才具有实际意义，因而会计政策存在一个“选择”问题。企业所选择的会计政策，将构成企业会计制度的一个重要方面。俗话说“会计越老越值钱”，说的就是经验丰富的财务人员在选用会计政策方面能够更加契合企业实际情况，更能反映实际财务状况。

一、选用不同的会计政策的原因

（一）利益的共享性

企业的财务会计应向其相关的利益各方（包括政府、现有的股东、潜在的股东、债权人、供应商、顾客等）充分披露其会计信息。而这些利益相关方与企业彼此之间都有其各自独立的利益，且利益不完全一致，尤其是政府与企业的利益相关性更低。政府为了平衡各相关方的利益并使其制定的准则、制度能使各利益方早日顺利接受，从而使制定后的执行成本降低，因此政府就会放宽准则中对一些经济业务事项的会计处理限定，以提供一些可供选择的会计处理方法。

（二）企业会计实务的多样性与复杂性

由于企业所处的环境千差万别，企业的经营规模、经营状况各不相同，为了使企业会计信息的披露能够从其所处的特定经营环境和经营状况出发，最恰当地反映企业的财务状况、经营成果和现金流量的情况，准则、制度就有必要留有一定的弹性空间，即在保持统一性的同时还需要一定的灵活性。允许企业在对经济业务事项进行会计处理时在不同的具体原则、多样的会计处理之间进行选择，从而也留给会计人员越来越多的进行职业判断的余地。

（三）会计计量与报告中的主观性

会计计量与报告过程是人们主观地期望以货币计量为手段，采用一些特定的专门方法，对会计对象加以反映以提供相关可靠的会计信息的过程。因此，会计核算过程中一定程度上掺杂了人的主观判断，这表现为人们可能对同一经济业务事项会有不同的看法，从而产生不同的会计观点，并提出不同的处理意见，也由此就产生了会计政策。

二、会计政策的选择应考虑的因素

影响企业选择会计政策的主要因素包括以下几个方面：

（一）国家法规和经济政策

企业必须在会计法规允许的范围内选择会计政策，同时要考虑诸如商法、税法、公司法、证券法、银行法等经济法规的影响，尤其要考虑因会计政策对企业税负的影响；国家宏观经济政策也会影响企业的会计政策，如国家支持的新兴产业往往会享受一定的优惠政策，这将直接影响到固定资产折旧政策、研究与开发会计政策的选择。

（二）经济形势与对外经贸往来

宏观经济不景气，通货膨胀严重时，选择会计政策应考虑经营安全的需要，谨慎从事，采取各种建立准备金或改变计价方法等抵御风险的会计政策；而经济形势一旦好转，市场趋旺，通货趋于稳定时，选择会计政策就可以相应大胆些，避免过于稳健保守的会计政策。对外经贸往来对会计政策的影响，集中体现在外币业务会计政策上。

（三）企业组织形式与资本结构

企业组织形式主要有独资、合伙、公司制三种形式。其中公司制的上市公司对于会计信息要求充分披露，独资、合伙企业的信息公开程度则低得多。从而对选择会计政策的影响是不一样的。挂牌公司都是股份有限公司，应该选择那些能充分披露会计信息的会计政策。企业资本结构不同，面临的财务风险也就不同。负债比率高的企业财务风险大，应更多考虑债权人权益，使会计政策倾向于稳健；而负债比率低的企业，财务风险较小，企业所有者面临的风险大，则应使会计政策倾向于保障投资者的利益。

（四）企业的经营特点和发展状况

经营特点具体包括企业的经营范围、规模、方式、服务对象、产品结构等。这些情况对企业会计政策的内容和要求会产生直接影响。例如，高新技术产业有关研究和开发会计政策与传统产业的就会不同；往来结算业务频繁的企业在坏帐会计政策上可能要更稳妥。一个企业在其不同发展阶段，其会计政策也会不同。如果企业正处于成长扩张期，则将某些递延费用予以资本化的会计政策，就比处于稳定期或衰退期更为可行。

（五）通行惯例与会计理论研究水平

企业选择会计政策，既要考虑会计理论上的合理性，又要考虑实务中的可操作性，因而不可避免地要借鉴国际惯例和历史经验，并参照会计理论研究的最新成果。比如，财务会计上的两种基本理论——实体论与业主权益论，反映到会计实务上，就是以损益表为中心的配比模式，与以资产负债表为中心的计价模式，在两者中做出抉择，必然影响到会计政策。我国《企业会计准则》中采用的是配比模式，但随着会计环境的变化，计价模式极有可能成为一种现实的选择，进而影响企业的会计政策。

（六）教育状况和会计人员素质

企业会计实务是一项专业技术性很强的工作，要求会计人员掌握有关会计专业知识和技能，并要求会计人员具有包括良好职业道德在内的优秀品质，企业拥有一支综合素质高的会计人员队伍，才能够制定出一套适合本企业的会计政策，并切实加以贯彻落实。

除此之外，社会文化传统、企业文化理念、会计人员的思想观念、会计核算工具的先进程度等等，也是影响会计政策选择的因素。总之，企业只有在对各影响因素作全面分析与权衡的基础上，从实际出发，才能最终制定出合理合法、切实可行的企业会计政策。

三、会计政策的具体内容和披露

具体会计准则《企业会计政策及会计政策和会计估计变更》的征求意见稿中规定，企业选用会计政策，主要涉及下列具体内容：

①合性会计政策：合并政策（包括企业合并和合并会计报表）、外币业务（包括外币业务处理及外币报表的折算）、估价政策、租赁、税收、利息、长期工程合同、结帐后事项；

②资产项目：应收款项、存货计价、投资、固定资产计价及折旧、无形资产计价及摊销、递延资产的处理；

③负债项目：应付项目、或有事项和承诺事项、退休金；

④损益项目：收入确认、修理和更新支出、财产处理损益、非常损益；

⑤其他：研究与开发、衍生金融工具、费用分配方法、成本计算方法等也是构成企业会计政策的重要方面。

当然，以上所列示的并非全部，亦非适用于任何企业。企业很可能仅有几项会计政策与以上项目有关，但如果相关的会计政策并非重大，也可以不予揭示。

企业采用的全部重大会计政策，应当在会计报表附注中集中说明；特殊行业还应当说明该行业特有业务的会计政策；会计政策变更也应揭示；会计政策的披露，不得用于纠正会计报表本身的错误。企业在财务情况说明书中披露会计政策，将是更有效的方法，因为它能克服会计报表附注零乱分散、拘于篇幅的缺陷，能够集中、系统、详细地揭示本企业的会计政策及其变更，便于增进对会计报表信息的理解和利用。

四、常见的会计政策

（一）发出存货成本的计量

是指企业确定发出存货成本所采用的会计处理。例如发出存货成本的计量是采用先进先出法，还是采用其他方法。

（二）长期股权投资的后续计量

是指企业取得长期股权投资后的会计处理。例如，企业对被投资单位的长期股权投资是采用成本法，还是采用权益法核算。

（三）投资性房地产的后续计量

是指企业在资产负债表日对投资性房地产进行后续计量所采用的会计处理。例如企业对投资性房地产的后续计量是采用成本模式，还是采用公允价值模式。

（四）固定资产的初始计量

是指企业取得的固定资产初始成本的计量。例如，企业取得的固定资产初始成本是以购买价款，还是以购买价款的现值为基础进行计量。

（五）无形资产的确认

是指对研究开发项目的支出是否确认为无形资产。例如企业内部研究开发项目开发阶段的支出是确认为无形资产，还是在发生时计入当期损益。

（六）非货币性资产交换的计量

是指非货币性资产交换事项中对换入资产的计量。例如，非货币性资产交换是以换出资产的公允价值作为确定换入资产成本的基础，还是以换出资产的账面价值作为确定换入资产成本的基础。

（七）收入的确认

是指收入确认所采用的会计原则。例如，企业确认收入时要同时满足已将商品所有权上的主要风险和报酬转移给购买方、收入的金额能够可靠地计量、相关经济利益很可能流入企业等条件。

（八）借款费用的处理

是指借款费用的会计处理方法，即是采用资本化，还是采用费用化。

（九）合并政策

是指编制合并会计报表所采纳的原则。例如，母公司与子公司的会计年度不一致的处理原则；合并范围的确定原则等。

会计政策对会计信息的影响是客观存在的，这种影响造成了会计信息的不确定性，只要企业在宏观会计政策范围内对会计处理方法有选择的权力，这种不确定性就始终存在，但它不属于会计信息失真的范畴，不属于我们治理的对象。因为会计政策的存在是客观的。国家的会计法规具有概括性、相对稳定性的特点，而企业的生产经营环境却在不断地发生变化，宏观的会计政策不可能具体地规范企业所有的会计处理。在会计实务中，同一会计事项在不同企业也存在规模、数量和环境上的差异，不同规模和类型的企业，对同一会计事项要求揭示信息的程度也是不一样的，因此就不可能对所有的会计处理提出完全统一的要求。

正是会计实务的这种需求使会计政策的产生成为必然。只要会计人员在会计法规允许的范围内去选择，就应该认为其提供的会计信息是真实可靠的。

企业制定的会计政策均与本单位的理财环境和生产经营特点相结合，如本单位的资本权益结构、资金的流动性、偿债能力与债务负担的对应性、行业的特点、企业的生产经营规模和内部管理水平等。会计政策运用得好，有助于保证会计信息的相关性。比如：通货膨胀现象要求企业选择能够揭示其影响程度、防止超额纳税、资产流失的会计政策；市场疲软现象要求企业选择能够促进产品销售、缩短应收账款回收期、加速资金周转的会计政策；社会资金紧缺现象要求企业选择有利于筹集资金、降低资金成本的会计政策等等。同时，会计政策随着企业生产经营状况及有关理财环境的变化适时作出调整也有助于提高会计信息质量。由此可见，会计政策所致的会计信息的不确定性不属于会计信息失真的范畴，我们应对会计信息的真实性重新认识。

挂牌企业应按照《企业会计准则》进行核算，编制并披露财务报表。执行《小企业会计准则》的应转为执行《企业会计准则》，在转为执行《企业会计准则》时，应当按照《企业会计准则第 38 号——首次执行企业会计准则》和《小企业会计准则》所附的《小企业会计准则与企业会计准则会计科目转换对照表》进行会计处理。申报期内存在会计准则转换的，应当按照《企业会计准则》编制可比较会计报表。

五、制定会计政策的原则

企业会计政策的选择不是一个单纯的会计问题，它是与企业相关的各利益集团处理经济关系、协调经济矛盾、分配经济利益的一项重要措施。企业恰当选择会计政策，对于保证会计信息的质量，促进企业健康发展，有着非常重要的意义。因此，企业在选择会计政策时，不能只考虑自身利益的最大化，而必须兼顾方方面面。所以，企业在进行会计政策选择时应同时遵循以下几项原则：

（一）合法性和相对独立性相结合

企业会计政策的选择应当是在准则、制度规定的可供选择的会计原则、具体处理方法内的取舍，这样才能保证所提供的会计信息具有可比性和真实可靠性，否则是违法行为，应当承担法律责任。但是，对于拟选用的会计政策与国家的税收法规不一致时，会计政策应当保持自身的相对独立性和稳定性，遵循会计核算本身固有的规律，而不必拘泥于国家税收法规、政策的规定及变化或调整。

（二）一贯性原则

企业选用的会计政策前后各期应当保持一致和连贯，不得随意变更。当然，在理解和执行一贯性原则时，不能机械地理解为不能变更会计政策。如果已经选用的会计政策使其提供的会计信息不再具有相关性和可靠性，企业就不宜以该会计政策处理相关的经济业务事项，而应从经济环境和经营情况出发，重新选择最能恰当反映企业财务状况和经营成果的会计政策，企业应正确处理好保持稳定和适时调整的关系。当然，企业对于会计政策的重新选择，应当按照会计准则、制度的要求进行相应的账务处理，并在财务报表附注中加以说明，以使会计信息使用者能把握企业管理当局选择会计政策的出发点和具体影响，从而正确理解会计信息的内涵。

（三）适用性原则

企业选择会计政策时，理所当然地应与本企业的生产经营特点和理财环境相结合，即企业在选择会计政策时应考虑行业特点、企业生产经营规模、内部管理、企业经营业绩、现金流量、偿债能力等多种因素。会计政策的适用性是确保会计政策得到很好发挥的重要保证。会计政策的适用性还意味着随着企业生产经营状况以及理财环境的变化，会计政策本身要重新作出选择，以确保在新环境下的新的适用性。对于这一点的理解，与一贯性原则有着相同的辩证关系。

（四）成本与效益相结合的原则

企业在选择会计政策时应权衡提供会计信息的成本效益。在基本的会计信息质量得到保证的基础上，企业应选择便于理解和实施的会计政策，并尽可能地降低操作成本。在操作成本大致相等时，企业就优先选择能使提供的会计信息更相关和可靠的会计政策。

（五）遵守职业道德原则

遵守职业道德是会计人员上岗执业的必备条件。一些上市公司由于利益驱动，通过滥用会计政策进行会计操纵的现象十分严重。由于在会计信息的生成过程中，会计政策处于至关重要的地位。因此，会计政策领域的道德建设问题十分突出，亟待开展。

六、会计政策制定中的常见问题与解决办法

（一）常见问题

1. 会计政策和会计估计选用不符合《企业会计准则》的要求。比如资本化政策不适当，研发费用不符合资本化条件的进行资本核算；收入确认方法模糊，长短期投资收益确认方法不合规。

2. 选用会计政策和会计估计不当，导致会计信息不能如实反映企业的财务状况、经营成果和现金流量。比如：折旧年限过长，折旧计提不足，折旧或摊销方法、年限、残值率不当；应收款项坏账准备计提比例过低。

3. 报告期内会计政策和会计估计不能保持连贯。比如会计政策和会计估计随意变更；随意变更固定资产折旧年限；随意变更坏账准备计提

比例；随意变更收入确认方法；随意变更存货成本结转方法；滥用会计政策和会计估计进行利润调节等等。

（二）规范的思路与方法

1. 应根据企业的实际经营情况，逐项分析企业选用的会计政策和会计估计是否符合《企业会计准则》的要求。对于不符合《企业会计准则》要求，不符合企业实际经营情况的会计政策和会计估计，应当根据谨慎原则，在参考同行业可比较公司的情况下进行调整，重新选用，并对财务报表进行追溯调整。

2. 对于报告期内存在滥用会计政策和会计估计的，应当进行追溯调整。

3. 对于在报告期内重大的会计政策和会计估计变更，应论证其合理性并充分披露。

§ 第二节　会计基础 §

会计基础工作是会计工作的基本环节，也是经济管理工作的重要基础。我国十分重视会计基础工作，制定了相应的一系列规章、制度，规范会计基础工作；同时，通过加强在职会计人员培训等措施，不断提高广大会计人员的基本业务技能，促进了会计基础工作的改善和提高。随着改革开放的深入和社会主义市场经济的发展，许多单位认识到会计基础工作的重要性，把会计基础工作与改善经营管理、建立现代企业制度等结合起来，积极采取措施改善和加强会计基础工作，使会计工作逐步规范，水平稳步提高，也使会计工作在单位经营管理中发挥越来越大的作用。

财务数据直接反映了企业的经营业绩。企业应在尊重客观事实的基础上尽可能给出合理解释。例如，如果企业的原材料价格受国际市场影响较大，则对企业运营而言是一种很大的不确定性，但如果企业能对自己的风险转移能力给出有说服力的论证，则“原材料价格波动大”不但不会对企业经营业绩带来负面影响，反而体现了企业的一种竞争优势。另外，公司的销售费用率大幅低于同行业，公司的流动比率较同行业公司高，而资产负债率较同行业低等问题，主管部门都会要求企业做出合理的解释。

中小微企业到新三板挂牌的前期工作，70%的工作量都集中在财务规范上。财务和税务基础是否规范直接影响前期培育质量和成本，不规范则主要是由于企业长期的业务管理体系不规范，导致财务和税务与业务脱节，客观上存在两套帐或多套帐目，而且资金流向和帐户管理混乱，直接影响财务会计核算体系的真实性、合规性和有效性。不少企业“卡壳”在财务规范的难度上，因而财务规范问题成了企业挂牌最大的绊脚石。这主要有以下几个方面的特点和问题：

业务不规范导致从采购到销售整个环节的业务循环失真。采购环节的进项税发票取得的品名、规格、数量和实际收到货物的对应性信息失真是普遍存在的问题，它将直接影响原材料采购成本的分类、归集和分配，以及财务帐目和仓库帐、生产领用的对应性和技术逻辑性。所以发票、进货单、入库单、领料单和成本计算单脱节成为真正的“绊脚石”。

取得增值税发票缺乏对应性。大部分企业向小规模纳税人采购材料，导致部分材料由第三方提供发票并形成前端和后端不对应，A产品和B产品在进销项下不平衡，人为调整税负水平，直接导致存货余额帐实不符。加上运营管控不规范，仓库长期不盘点，与供应商长期不对帐，不仅影响存货，而且还影响应付帐款、预付帐款和应缴税金——进项税的真实性和完整性。

生产成本的归集和分配环节不规范，在领料环节混料统计和未分对象的传统做法，直接导致算大帐。人为定价结转成本，直接导致产品成本时高时低以及毛利率不稳定或成本核算方法的不稳定性和合规性。有些企业人为用定额法，在未进行实物清查的情况下无依据地调帐，造成生产成本不真实。

收入确认规则混乱。部分企业没有执行企业会计制度和会计准则，凭感觉来结转收入，然后在“预收帐款”“其他应付款”和“发出商品”科目里埋起来，不按规则确认和计量，直接导致收入、成本不匹配。有的产品采用采购和销售两头不入账的方法隐瞒收入。

资产管理严重滞后，导致资产负债表的不真实和业务资源不完整。有些企业大部分固定资产未入帐，有些企业的往来帐借方、贷方都是红字余额，甚至部分高新技术企业的“无形资产”没有发生过业务。整体上中小微企业资产的体量和质量都表现在财务报表的信息披露上，不仅涉及多个税收问题，而且整体的资产结构和负债结构都经不起规范的逻辑性审计，直接导致注册会计师无法出具正常的审计报告。

拟挂牌企业，特别是民营企业，往往在会计基础方面存在两个方面的问题：

一方面是企业没有独立的会计部门，没有专职的财务人员。或有“规”不依，记录、凭证、报表的处理不够规范，甚至错误，内容上无法衔接或不够全面；另一方面是“内外”不一，由于存在融资、税务等多方面需求，普遍存在几套帐的情况，股东个人或家族费用与公司正常开支混用，这不仅让企业的运行质量和外在形象大打折扣，还势必影响好企业挂牌，当然更会影响企业今后的 IPO。企业应当设有独立财务部门进行独立的财务会计核算，建立健全与公司财务管理实际情况相适应的内部控制制度，厘清会计核算的主体范围。对于历史上存在会计主体不清情形的，应重新审核实际的经济业务，进行会计调整，对符合收入确认条件的应当纳入公司财务核算并补缴税金。严格执行相关会计准则，充分认识到规范不是成本，而是收益，养成将所有经济业务事项纳入统一的一套报账体系内的意识和习惯。

案例

公司设立“两套账”逃税 会计、财务总监、总经理均被判刑

平顶山市新华区人民检察院以平新检公诉刑诉（2015）27 号起诉书指控2005 年至2006 年4 月，被告人许某某在平顶山市三香陶瓷有限责任

公司担任会计期间，受该公司总经理黄某某（已判刑）和财务总监张某某（已判刑）指使，设立真假两套公司财务账，隐藏主营业务收入，偷逃税款。公诉机关认为被告人许某某伪造记账凭证少列主营业务收入，少缴应纳税款，数额巨大，其行为已触犯了《中华人民共和国刑法》第二百零一条第一款、第二十五条之规定，犯罪事实清楚、证据确实充分，应当以逃税罪追究其刑事责任，判处有期徒刑三年，缓刑三年，并处罚金人民币100000元（已缴纳5000元）。（缓刑考验期限，从判决确定之日起计算。罚金已缴纳5000元，余下95000元于本判决生效后一个月内向本院缴纳，逾期不缴纳的，强制缴纳。）前车之鉴后事之师，财务人员应尽力推动财务规范化。

这方面的问题主要与行业相关，比如“农林牧渔”，这些行业收来东西的方式有两种，向农民收购或者自己种植，不管采取哪种方式，都很难进行成本确认，比如同样一株兰花，可估值几十元，也可估值几千元。而卖出去的时候大部分也都是采取现金销售，一个中端的公司很少去买农产品，而低端企业和消费者很难通过银行等媒介进支付，这就给了这种类型的企业很大的造假空间，近几年农林牧渔业的企业也因此出了很大的问题，风险较大。再比如说林业企业存货的价值很难估计、苗木生产周期较长，中间的生产投入很难确认。一般企业生产周期大约两三个月，林业短则两三年，长则十几年都有。

以2014年10月引起一片哗然的獐子岛事件为例，10月30日晚间，獐子岛公告，公司抽测发现部分底播虾夷扇贝存货异常，合计影响利润7.6亿元。獐子岛前三季度由预告盈利转为巨亏8.12亿元。公司高层称遇上几十年不遇的冷水团事件，有投资者怀疑，公司或此前存在造假行为，甚至当初根本没有播苗，因此希望假借天灾掩饰过去。但獐子岛事件中鱼虾扇贝这些水下的东西，审计程序上无法准确地核实真实数据。

獐子岛“黑天鹅事件”事件再度引发市场对农业股造假频发的诟病。许多农业股本身存在的行业特点，导致其在生产流程或存货等方面难以审计，给财务造假带来便利。此前已有蓝田、绿大地、万福生科等丑闻曝光。国内现行的会计准则缺乏对农业企业的针对性，审计机构对农业的专业特点和财务规则相对陌生，这也造成了农业企业在财务上更易引发造假的冲动。

§ 第三节 内部控制提升问题 §

所谓内部控制，是指一个单位为了实现其经营目标，保护资产的安全完整，保证会计信息资料的正确可靠，确保经营方针的贯彻执行，保证经营活动的经济性、效率性和效果性而在单位内部采取的自我调整、约束、规划、评价和控制的一系列方法、手段与措施的总称。包括内部会计控制和内部管理控制。

内部管理控制由组织的计划和主要与经营效率和坚持经营政策相关，通常只和财务记录间接相关的所有方法和程序组成，一般包括统计分析、工时和操作的研究、业绩报告、雇员的培训计划和质量控制等控制手段。内部管理控制包括组织规划以及实施管理计划和经营控制的所有方法与程序以及与管理当局进行经济业务授权的决策过程有关的程序和记录。

内部会计控制制度，是指与保护财产物资的安全性，会计信息的客观性、真实性和完整性以及财务活动的合法性和有效性有关的控制。它是内部控制的重要组成部分，对加强会计监督、提高会计信息质量，提高管理效率具有重要作用，也是衡量企业经营管理水平的重要标志。

2001年，我国财政部印发的《内部会计控制规范——基本规范（试行)》，其中定义：本规范所称内部会计控制是指单位为了提高会计信息质量，保护资产的安全、完整，确保有关法律法规和规章制度的贯彻执行等而制定和实施的一系列控制方法、措施和程序。

内部会计控制由组织的计划和主要或直接与保障资产和财务记录的可靠性相关的所有方法和程序组成，一般来说包括批准和授权系统、保管记录和会计报告的人物与经营或资产保管的任务相分离、对资产的实物控制和内部审计等控制手段，内部会计控制包括资产保护、保证账目和财务报告真实性和完整性的有关方法、程序和组织规划。一个有效的内部会计控制制度应具有按管理部门需要来保证执行经济业务和完成工作的职责，以及保证制度正确实施的有效程序。

一、内部控制在经济管理和监督中的作用

（一）提高会计信息资料的正确性和可靠性

企业决策层要想在瞬息万变的市场竞争中有效地管理经营企业，就必须及时掌握各种信息，以确保决策的正确性，并可以通过控制手段尽量提高所获信息的准确性和真实性。因此，建立内部控制系统可以提高会计信息的正确性和可靠性。

（二）保证生产和经管活动顺利进行

内部控制系统通过确定职责分工，严格各种手续、制度、工艺流程、审批程序、检查监督手段等，可以有效地控制本单位生产和经营活动顺利进行、防止出现偏差，纠正失误和弊端，保证实现单位的经营目标。

（三）保护企业财产的安全完整

财产物资是企业从事生产经营活动的物质基础。内部控制可以通过适当的方法对货币资金的收入、支出、结余以及各项财产物资的采购、验收、保管、领用、销售等活动进行控制，防止贪污、盗窃、滥用、毁坏等不法行为，保证财产物资的安全完整。

（四）保证企业既定方针的贯彻执行

企业决策层不但要制定管理经营的方针、政策、制度，而且要狠抓贯彻执行。内部控制则可以通过袱定办法、审核批准、监督检查等手段促使全体职工贯彻和执行既定的方针、政策和制度。同时，可以促使企业领导和有关人员执行国家的方针、政策。在遵守国家法规纪律的前提下认真贯彻企业的既定方针。

（五）为审计工作提供良好基础

审计监督必须以真实可靠的会计信息为依据，检查错误，揭露弊端，评价经济责任和经济效益，而只有具备了完备的内部控制制度，才

能保证信息的准确和资料的真实，并为审计工作提供良好的基础。总之，良好的内部控制系统可以有效地防止各项资源的浪费和错弊的发生，提高生产、经营和管理效率，降低企业成本费用，提高企业经济效益。

二、企业实施内部控制具体原则

（一）全面性原则

内部控制应当贯穿决策、执行和监督全过程，覆盖企业及其所属单位的各种业务和事项。

（二）重要性原则

内部控制应当在全面控制的基础上，关注重要业务事项和高风险领域。

（三）制衡性原则

内部控制应当在治理结构、机构设置及权责分配、业务流程等方面形成相互制约、相互监督，同时兼顾运营效率。

（四）适应性原则

内部控制应当与企业经营规模、业务范围、竞争状况和风险水平等相适应，并随着情况的变化及时加以调整。

（五）成本效益原则

内部控制应当权衡实施成本与预期效益，以适当的成本实现有效控制。

三、内部控制的基本要素

（一）内部环境

是影响、制约企业内部控制制度建立与执行的各种内部因素的总称，是实施内部控制的基础。内部环境主要包括治理结构、组织机构设置与权责分配、企业文化、人力资源政策、内部审计机制、反舞弊机制等内容。

（二）风险评估

是及时识别、科学分析影响企业战略和经营管理目标实现的各种不确定因素并采取应对策略的过程，是实施内部控制的重要环节和内容。风险评估主要包括目标设定、风险识别、风险分析和风险应对。

（三）控制措施

是根据风险评估结果、结合风险应对策略所采取的确保企业内部控制目标得以实现的方法和手段，是实施内部控制的具体方式和载体。

（四）信息与沟通

是及时、准确、完整地收集与企业经营管理相关的各种信息，并使这些信息以适当的方式在企业有关层级之间进行及时传递、有效沟通和正确应用的过程，是实施内部控制的重要条件。信息与沟通主要包括信息的收集机制及在企业内部和与企业外部有关方面的沟通机制等。

（五）监督检查

是企业对其内部控制制度的健全性、合理性和有效性进行监督检查与评估，形成书面报告并做出相应处理的过程，是实施内部控制的重要保证。监督检查主要包括对建立并执行内部控制制度的整体情况进行持续性监督检查，对内部控制的某一方面或者某些方面进行专项监督检查，以及提交相应的检查报告、提出有针对性的改进措施等。企业内部控制自我评估是内部控制监督检查工作中的一项重要内容。

四、企业内部控制措施

（一）风险控制

风险控制要求单位树立风险意识，针对各个风险控制点，建立有效的风险管理系统，通过风险预警、风险识别、风险评估、风险分析、风险报告等措施，对财务风险和经营风险进行全面防范和控制。

（二）不相容岗位分离控制

不相容岗位分离控制要求单位不相容职务分离的原则，合理设置会计及相关工作岗位，明确职责权限，形成相互制衡机制。主要包括：授权批准、业务经办、会计记录、财产保管、稽核检查等职务。

（三）授权批准控制

授权批准控制要求单位明确规定涉及会计及相关工作的授权批准的范围、权限、程序、责任等内容，单位内部的各级管理层必须在授权范围内行使职权和承担责任，经办人员也必须在授权范围内办理业务。

（四）会计系统控制

会计系统控制要求单位依据《会计法》和国家统一的会计制度，制定适合本单位的会计制度，明确会计凭证、会计账簿和财务会计报告的处理程序，建立和完善会计档案保管和会计工作交接办法，实行会计人员岗位责任制，充分发挥会计的监督职能。

（五）预算控制

预算控制要求单位加强预算控制、执行、分析、考核等环节的管理，明确预算项目，建立预算标准，规范预算的编制、审定、下达和执行程序，及时分析和控制预算差异，采取改进措施，确保预算的执行。预算内资金实行责任人限额审批，限额以上资金实行集体审批。严格控制无预算的资金支出。

（六）财产保全控制

财产保全控制要求单位限制未经授权的人员对财产的直接接触，采取定期盘点、财产记录、账实核对、财产保险等措施，确保各种财产的安全完整。

（七）内部报告控制

内部报告控制要求单位建立和完善内部报告制度，全面反映经济活动情况，及时提供业务活动中的重要信息，增强内部管理的时效性和针对性。

（八）系统自动控制

在信息技术飞速发展的今天，大多数企业都有自己的信息系统，应尽量使用系统自动控制代替人工控制。

企业应当结合风险评估结果，通过人工控制与自动控制、预防性控制与发现性控制相结合的方法，运用相应的控制措施，将风险控制在可承受度之内。

五、内部控制制度不能有效执行的原因

一是制度本身制定得不合理，或过于理想化，或随着新情况出现，原有制度已不能适应却没有及时修改，从而使得制度不具可操作性，自然也就不会被执行。

二是缺乏保证制度执行的机制，一些单位对内部控制执行情况既没有检查监督，又没有相应的奖惩措施，内部控制制度成为摆设和一纸空文也就不奇怪了。为此，企业一方面需要提高制度可操作性，另一方面要加强制度执行力。

从内部控制的范围来看，包括融资控制、投资控制、费用控制、盈利控制、资金控制、分配控制、风险控制等。一般来说，内部控制的类型分为约束型控制（或集权型控制）和激励型控制（或分权型控制）。通常情况下，中小型企业以前者为主，规模型企业可采取后者。另外，内部控制不仅要有制度，而且要有执行和监督，并且有记录和反馈，否则仍然会流于形式，影响挂牌。

新三板挂牌对盈利性基本没有要求，大量企业无法挂牌新三板的主要原因在于内控制度方面存在较大问题。企业内部控制也是主办券商尽职调查和内核时关注的重点，也是股转系统审查的核心。

因此，在挂牌前企业需要提早在券商的指导下进行财务规范，报销制度等会计制度是否规范、经营来往是否继续在走大股东的私人帐、收入和采购是否还大量涉及到现金交易都是常见的问题。内部控制薄弱，影响了财务报表的真实性，企业应在中介机构的辅助下，根据企业的实际情况梳理并完善内部控制制度。健全内部控制制度并对历史财务信息规范之后，应当切实执行内部控制制度，做到有监督、有记录、有反馈。

§ 第四节　企业盈利规划问题 §

新三板挂牌条件中并无明确的财务指标要求，对企业是否盈利也无硬性规定，但对于企业进入资本市场的客观需要来说，企业盈利的持续性、合理性和成长性都显得至关重要。因此，要对企业盈利提前规划，并从政策适用、市场配套、费用分配、成本核算各方面提供系统保障。盈利规划主要包含盈利规模、盈利能力、盈利增长速度三个方面，必须考虑与资产负债、资金周转等各项财务比率和指标形成联动和统一。从真正有利于企业发展和挂牌备案的角度来看，盈利规划切忌人为“包装”，而是要注重其内在合理性和后续发展潜力的保持。

企业持续盈利规划中，有财务会计手段的，也有管理层的道德与法律风险层面的。在财务会计手段中，有会计政策的合理选择和运用；收益费用入账期间的合理选择；财务契约和购销合同的合理安排；关联关系人的合理交易安排；销售方式的合理安排。管理层可能存在的问题有：虚假的业绩考核需求；隐瞒具有风险的交易；实现不公平收益分配；确认不实的资产价值等。

§ 第五节　资本负债结构问题 §

资本负债结构的规划在《公司法》和《证券法》以及相关联交所文件均有规定。比如：对外投资占净资产比例有50%限制；发行前一年末负债比例有70%限制；无形资产在净资产中比例有不高于20%限制等等。资本负债的结构主要涉及的问题有：权益资本与债务资本构成；股权结构的集中与分散；负债比例控制与期限的选择；负债风险与负债收益的控制等。以最为典型的资产负债率为例，过高将被视为企业偿债能力低、抗风险能力弱，很难满足挂牌条件，但过低也不一定能顺利通过挂牌审核，因为审批部门可能会认为企业融资需求不大，挂牌的必要性不足。因此，适度负债有利于约束代理人道德风险和减少代理成本，债权人可对当前企业所有者保持适度控制权，也更有利于企业挂牌或 IPO 融资。因此，基于这样的考虑，对企业的资产、负债在挂牌前进行合理重组就显得格外重要。

仅仅关注权益资金和负债资金的比例关系是不够的，因为即使权益资金和负债资金的结构合理，如果负债资金内部结构不合理，同样也会引发财务危机。当企业资金总额一定、负债与权益的比例关系一定时，短期负债和长期负债的比例就成为此消彼长的关系，所以很有必要权衡长、短期负债优缺点。

一般而言，长期负债的成本比短期负债的成本高。这是因为：

（1）长期负债的利息率要高于短期负债的利息率。

（2）长期负债缺少弹性。企业取得长期负债后，在债务期间内，即使没有资金需求，也不易提前归还，只好继续支付利息。

短期负债的财务风险往往比长期负债的财务风险高，这是因为：

（1）短期负债到期日近，容易出现不能按时偿还本金的风险。

（2）短期负债在利息成本方面也有较大的不确定性。利用短期负债筹集资金，必须不断更新债务，此次借款到期以后，下次借款的利息为多少是不确定的，因为金融市场上短期负债的利息率很不稳定。

难易程度相对来说，短期负债的取得比较容易、迅速，长期负债的取得却比较难。因为债权人在提供长期资金时，往往承担较大的财务风险，一般都要对借款的企业进行详细的信用评估，有时还要求以一定的资产做抵押。

通过负债与所有者权益项目金额的对比，期末与期初的对比，基本可以判断企业的财务风险高低及其变化趋势。

§ 第六节 税收方案筹划问题 §

税收问题是困扰拟挂牌企业的一个大问题。大多数中小企业，在发展过程中由于各方面的原因，完全体现出利润的企业并不多见。一般企业都有两套账：内账和外账。内账是记录企业真实情况的账务；外账则是应对税务的账务。挂牌前，企业如果把真实的利润释放出来，必须面对补税的成本和政策性风险。比如销售收入确认环节、股改过程中未分配利润量化转为股本的环节、房地产变更过户、固定资产重新入帐等环节，都涉及税务问题；此外，对税收不够重视，未依法纳税，特别是一些小税种，如印花税、个人所得税，存在不规范计税的情况。如果能够通过税务处罚和调帐的处理解决，还算未构成实质性障碍，更多的情况是：一方面因为修补历史的处理导致税收成本增加，另一方面却因为调整幅度过大被认定为企业内控不力、持续盈利无保障、公司经营缺诚信等，可谓“得不偿失”。所以对于想进入新三板的企业，必须对挂牌前的税收，结合盈利规划，提前系统地筹划、周密地安排和计算成本的大小，以确保既满足审计要求又满足税务的合法性和合规性要求，这是一个很重要的隐性的“拦路虎”。另外，在筹划中还要考虑地方性税收政策和政府补贴对企业赢利能力的影响问题。

实践中，上新三板的企业多为创业型企业，部分企业在报告期存在核定征税问题，核定征税的依据是企业规模小，财务不规范，鉴于上新三板的企业只需要两个完整的会计年度，建议公司如存在该情形，应当尽快向税务机关申请调整为查帐征收，并运行两个完整的会计年度后再挂牌转让。

查补以前年度所得税处理的会计方法在《国际会计准则》和《企业会计制度与会计准则》中均有说明。查补以前年度流转税金额较小可记入当期“主营业务税金及附加”；金额较大时记入“以前年度损益调整”。因偷税而按规定应补交的以前年度所得税，按重大差错规定进行会计处理。

当前，国家推动“大众创业、万众创新”战略，将新三板作为解决中小微企业融资难、融资贵的重要途径，在税收上给予了一些优惠，拟挂牌企业要充分利用此类政策空间。

《财政部、国家税务总局关于高新技术企业职工教育经费税前扣除政策的通知》（财税〔2015〕63号）：高新技术企业发生的职工教育经费支出，不超过工资、薪金总额8%的部分，准予在计算企业所得税应纳税所得额时扣除；超过部分，准予在以后纳税年度结转扣除。

《财政部、国家税务总局关于小型微利企业所得税优惠政策的通知》（财税〔2015〕34号）：自2015年1月1日—2017年12月31日，将享受小微企业减半征税的标准由年应纳税所得额10万元以下扩大到20万元以下。2015年10月1日改成30万。

《财政部、国家税务总局关于对小微企业免征有关政府性基金的通知》（财税〔2014〕122号）：自2015年1月1日—2017年12月31日，对按月纳税的月销售额或营业额不超过3万元（含3万元），以及按季度纳税的季度销售额或营业额不超过9万元（含9万元）的缴纳义务人，免征教育费附加、地方教育附加、水利建设基金、文化事业建设费。自工商登记注册之日起3年内，对安排残疾人就业未达到规定比例、在职职工总数20人以下（含20人）的小微企业，免征残疾人就业保障金。

自2015年10月1日起，全国范围内的居民企业转让5年以上非独占许可使用权取得的技术转让所得，纳入享受企业所得税优惠的技术转让所得范围。居民企业的年度技术转让所得不超过500万元的部分，免征企业所得税；超过500万元的部分，减半征收企业所得税。

自2016年1月1日起，全国范围内的高新技术企业转化科技成果，给予本企业相关技术人员的股权奖励，个人一次缴纳税款有困难的，可根据实际情况自行制定分期缴税计划，在不超过5个公历年度内（含）分期缴纳，并将有关资料报主管税务机关备案。个人获得股权奖励时，按照“工资薪金所得”项目，参照《财政部、国家税务总局关于个人股票期权所得征收个人所得税问题的通知》（财税〔2005〕35号）有关规定计算确定应纳税额。股权奖励的计税价格参照获得股权时的公平市场价格确定。

财税〔2015〕119号规定企业开展研发活动中实际发生的研发费用，未形成无形资产计入当期损益的，在按规定据实扣除的基础上，按照本年度实际发生额的50%，从本年度应纳税所得额中扣除；形成无形资产的，按照无形资产成本的150%在税前摊销。

§ 第七节 关联交易处理问题 §

关联交易就是企业关联方之间转移资源、劳务或义务的行为，而不论是否收取价款。关联交易是公司运作中经常出现的而又易于发生不公平结果的交易。根据财政部2006年颁布的《企业会计准则第36号——关联方披露（2006）》的规定，在企业财务和经营决策中，如果一方控制、共同控制另一方或对另一方施加重大影响，以及两方或两方以上同受一方控制、共同控制或重大影响的，构成关联方。

这里的控制，是指有权决定一个企业的财务和经营政策，并能据以从该企业的经营活动中获取利益。所谓重大影响，是指对一个企业的财务和经营政策有参与决策的权力、但并不决定这些政策。参与决策的途径主要包括：在董事会或类似的权力机构中派有代表，参与政策的制定过程，互相交换管理人员等。凡以上关联方之间发生转移资源或义务的事项，不论是否收取价款，均被视为关联交易。

关联交易在市场经济条件下主为存在，从有利的方面讲，交易双方因存在关联关系，可以节约大量商业谈判等方面的交易成本，并可运用行政的力量保证商业合同的优先执行，从而提高交易效率。从不利的方面讲，由于关联交易方可以运用行政力量撮合交易的进行，可能涉及内幕交易、利润转移、税负回避、市场垄断等，从而有可能使交易的价格、方式等在非竞争的条件下出现不公正情况，形成对股东或部分股东权益的侵犯，也易导致债权人利益受到损害。

一、进行关联交易时应注意的问题

（一）关联交易的真实性

真实的关联交易有真实交易动机，且符合营业常规。虚假的关联交易不仅背离公司利益，也常常隐藏着违规、违法等因素。比如有些公司虚构并不存在的交易来转移收入和分摊费用，或者通过互拆借资金的方式调解利息费用。一旦发现，企业就会面临处罚，公司的信用也会受到影响。因而，公司应关注关联交易的真实性。

（二）注重关联交易的披露

关联交易的存在已不是关注的重点，对关联交易的及时、深入、完全、准确的披露已成为公众投资者关注的焦点和监管部门的工作重点。公司只有坚持披露重于存在的原则，才能使公司更稳健的运行。

（三）关联交易的必要性与公平性

必要的关联交易多为公司存在及发展不可或缺的，比如：综合服务协议、主营业务所赖以依托的购买或租赁协议等等；这类关联交易也是公司持续性的关联交易，此时也要兼顾关联交易的公平性。

（四）在关联交易中注重保护中小股东的利益

实践中，关联交易多发生在新、旧控股股东与其关联方之间。虽然控股股东与其他股东在权利质量上并无不同，只是数量上的差别，但比普通股东的权利更为优越。关联交易往往损害中小股东的利益，如果此问题处理不好，会引起中小股东的不满，可能使企业陷入诉讼的泥潭，会影响到公司的信誉，不利于公司的发展。

总之，关联交易对公司来说是把双刃剑，所以公司从事关联交易一定要慎重，以免使公司陷入泥潭。

二、交易时要注意以下区别

（一）公允的关联交易与非公允的关联交易

公允的关联交易，是指一个具体关联交易的实质内容主要是交易结果，对交易的相关权益人特别是交易所涉及的非关联方，都是公平合理的。

非公允的关联交易，是指一个具体关联交易的实质内容主要是交易结果实质上是不公平的，有损于交易的相关权益人特别是交易所涉及的非关联方的权益。

这是最常见的分类，因为非公允性是关联交易最容易出现的问题，也是法律规制关联交易的原因与重点。一方面要保证公允关联交易积极作用的发挥，另一方面要让非公允关联交易者承担一定的法律责任，并为受害者提供一定的救济。

（二）实际的关联交易与虚构的关联交易

实际的关联交易，是指在经济生活或者企业的经营活动中，确实发生了关联交易。

虚构的关联交易，是指在经济生活或者企业的经营活动中并未实际发生而只是虚构文件并在企业财务报表中有记载的关联交易。

如此区分的主要意义，在于对会计报表进行调校。实际当中，有的公司为了粉饰业绩，虚构出一些实际并未发生的关联交易，也就是缺乏经济实质的交易。

（三）重大的关联交易与非重大的关联交易

这种区分一般是以交易金额为判断标准的，其主要目的是为了在进行关联交易的披露、批准时参照不同的要求。如零星的关联交易可以不经股东大会批准程序，且有的零星关联交易不需要披露；再如，对普通关联交易和重大关联交易的披露要求也不相同。

三、常见的关联交易类型

（一）购买或销售商品

购买或销售商品是关联方交易最常见的交易事项。例如，企业集团成员之间相互购买或销售商品，从而形成关联方交易。这种交易由于将市场交易转变为公司集团的内部交易，可以节约交易成本，减少交易过程中的不确定性，确保供给和需求，并能在一定程度上保证产品的质量和标准化。此外，通过公司集团内部适当的交易安排，有利于实现公司集团利润的最大化，提高其整体的市场竞争能力。这种交易产生的问题是，可能为公司调节利润提供了一种良好的途径。披露这种关联方交易，有利于中小股东、债权人等报表使用者了解这种交易的性质、类型、金额等信息，判断这种交易的价值取向，为报表使用者的经济决策提供了非常有用的信息。

（二）购买其他资产

购买或销售商品以外的其他资产，也是关联交易的主要形式。比如，母公司销售给其子公司的设备或建筑物等。

（三）提供或接受劳务

关联方之间相互提供或接受劳务，也是关联交易的主要形式。

例如：甲企业是乙企业的联营企业，甲企业专门从事设备维修服务，乙企业的所有设备均由甲企业负责维修，乙企业每年支付设备维修费用20 万元。作为企业外部的报表使用者来说，需要了解这种提供或接受劳务的定价标准，以及关联方之间是否在正常的交易情况下进行。在附注中披露这类关联交易的有关情况，为报表使用者分析集团的财务状况和经营成果提供了依据。

（四）担保

担保有很多形式，以贷款担保为例，某企业生产经营中需要资金，往往会向银行等金融机构申请贷款，银行等金融机构为了保证所贷资金的安全，需要企业在贷款时由第三方提供担保。担保是有风险的，一旦被担保企业没有按期履行还款协议，则担保企业就成了还款的责任人。关联企业之间相互提供担保，能有效解决企业的资金问题，有利于经营活动的有效开展，但也形成了或有负债，增加了担保企业的财务风险，有可能因此而引发经济纠纷。因此，在附注中披露关联方相互之间担保的相关信息，对于分析判断企业的财务状况是非常有用的。

（五）提供资金

提供资金包括以现金或实物形式提供的贷款或股权投资。

例如：母公司利用集团内部的金融机构向子公司提供贷款，母公司向子公司投入资金、购入股份等等。

对于拟挂牌企业与关联方的资金拆借、资金占用问题，关键是尽早规范，不将问题带到以后的挂牌公司。重组、以股利冲抵、转为委托贷款等措施都是极为有效的解决办法。

（六）租赁

租赁通常包括经营租赁和融资租赁等。关联方之间的租赁合同也是主要的交易事项。

（七）代理

代理主要是依据合同条款，一方可为另一方代理某些事务，如代理销售货物或代理签订合同等。

（八）研究与开发转移

在存在关联方关系时，有时某一企业所研究与开发的项目会由于另一方的要求而放弃或转移给其他企业。例如：B 公司是 A 公司的子公司，A 公司要求 B 公司停止对某一新产品的研究与试制，并将 B 公司研究的现有成果转给 A 公司最近购买的、研究和开发能力超过 B 公司的 C 公司继续研制，从而形成关联方交易。

（九）许可协议

当存在关联方关系时，关联方之间可能达成某种协议，允许一方使用另一方的商标等，从而形成关联方交易。

（十）代表企业或由企业代表另一方进行债务结算

这也是关联方企业之间比较普遍存在的一种关联交易形式，比如，母公司为子公司支付广告费用，或者为子公司偿还已逾期的长期借款等。

（十一）关键管理人薪酬

支付给关键管理人员的薪酬也是一种主要的关联交易形式。因为企业关键管理人员之间构成了关联方关系。

例如：企业支付给董事长、总经理等人员的薪酬，这属于关联交易，也应该适当地予以披露。

无论是 IPO 还是新三板挂牌，对于关联交易的审查都非常严格。从理想状况讲，有条件的企业最好能够完全避免关联交易的发生或尽量减少发生。但是，绝对的避免关联交易背后可能使经营受阻、成本增加、竞争力下降。因此，要辩证地看待关联交易，特别要处理好三个方面的问题：

一是清楚认识关联交易的性质和范围；

二是尽可能减少不重要的关联交易，拒绝不必要和不正常的关联交易；

三是对关联交易的决策程序和财务处理务必要做到合法、规范、严格。

§ 第八节 员工激励衔接问题 §

对于企业而言，人才是核心竞争力。仅靠高工资留住人才的做法一方面成本较高，另一方面也无法应对同行业已上市公司的股权诱惑。但股权激励是一个系统工程，涉及管理、法律和财务等方面的问题，如果没有提前规划，诸如稀释多少、股权如何定价、与业绩如何挂钩、会计如何入账等问题在挂牌改制时会接踵而至，而此时再处理，难度会加大。

企业在团队相对稳定后就应该考虑这个问题，并阶段性地设计相关法律方案和财务结构，并且预留出股份空间和资金周转余地。另外，还应该把员工激励与业绩考核、收益预测等因素有机结合起来。在具体的操作上，首先，要精选激励对象，股权激励要在战略高度上给予人才足够的重视，以期激励对象为公司的发展做出重大贡献；其次，激励股份要分期授予，每期分别向激励对象授予一定比例的股权；再次，作为附加条件，激励对象每年必须完成相应的考核指标，并设置好完不成目标、严重失职等情况下的股权处理意见；最后，对于考核指标，公司也需制定详细、明确的书面考核办法。

新三板企业通过实施股权激励计划可优化公司股权结构、吸引并留住人才、减少管理层与员工的短期行为、提升管理效率与效能。

目前，新三板流动性暂时不够充分，但与股权激励的权益锁定正好契合，待几年后新三板市场流动性增强，激励对象获授权益解锁可自由选择退出时机。

相比上市公司对于实施股权激励各种定性定量的严格要求，新三板挂牌企业更多是遵循以市场为导向的原则，行政监管要求较少，新三板企业可结合企业需要选择更加灵活的股权激励工具，目前主要有如下几种激励办法：

（一）限制性股票

指上市公司按照预先确定的条件授予激励对象一定数量的本公司股票，激励对象只有在工作年限或业绩目标符合股权激励计划规定条件的，才可出售限制性股票并从中获益。

授予限制性股票当期，如果是增资授予，按照授予日股票市价与收取的象征性价格之间的差额计入相关成本或费用，同时按照股份面值总额增加股本，并按照两者差额增加资本公积；如果是大股东转让股份授予，不作处理。

由于限制性股票会在授予当期提高公司的成本费用，而按照税法原则，这部分费用不能用来抵税，在上市公司税收采用应付税款法核算的前提下，对公司的所得税费用没有影响，因此当年该上市公司净利润的净减少值应该与费用的增加值相当。

持有限制性股票的员工在授予日，按照获得股票市价计量的总额与支出的象征性价格之间的差额，缴纳个人所得税。

（二）期权

所谓期权，是指公司授予激励对象在未来一定期限内以预定的价格和条件购买本公司一定数量股票的权利。这个略含对赌的性质，公司发展好、达到业绩要求才有意义，否则就是竹篮打水一场空。

（三）定向增发

一是直接向符合条件的员工进行定增。这种情况大多发生在向少数管理层及核心员工进行股权激励时。二是通过设立有限合伙企业的持股平台完成定增。由于可以随时调整激励对象和股份，且实施的员工范围比较广，这个方式最近被一些挂牌公司使用。如2015年8月12日发布股权激励计划的思普润，设立了“青岛嘉灏管理咨询企业”的有限合伙企业，思普润大股东于振滨为有限合伙企业的普通合伙人，纳入股权激励范围的员工为有限合伙人。公司通过定增向有限合伙企业发行500万股。

2015年以来新三板又多了一些非主流的激励方式，例如虚拟股权、股份增值权和激励基金等。6月5日，金冶源发布了一份虚拟股权激励方案，表示将授予被激励对象一定数额的虚拟股份，被激励对象不需出资而可以享受公司价值的增长，利益的获得需要公司支付。在这份股权激励方案中，金冶源还推出了一个虚拟股权授予数量的公式，即“虚拟股权的初始授予数量=基准职位股数×能力系数×本司工龄系数”、“虚拟股权的最终授予数量=虚拟股权的初始授予数量×绩效考核系数”。股份增值权是指激励对象不实际买卖被激励的股权，可以通过模拟认购的方式获得激励股权的分红。激励基金则是公司业绩达到一定标准时，按照一定比例拿出一部分利润设置激励基金，分次发给激励对象。

还有一些公司还采取了杠杆激励、1元转让等形式。例如凌志软件。公司在股权激励公告中称，首期员工持股计划募集资金总额不超过4000万元，锁定期24个月，存续期36个月。公司控股股东及其他8名股东向员工持股计划提供无息借款支持，借款部分与公司员工自筹资金部分的比例不超过3∶1；在设置了公司业绩在2015年、2016年同比增长不低于10%的公司业绩考核指标同时，控股股东承诺员工自筹资金部分收益率不低于12%，不足部分将给予现金补偿。

还有一些新三板挂牌公司的大股东以1元/股的价格将股票转让给内部员工，如安威士、天加新材、百特莱德、宝特龙等。这些公司没有公开说明这一做法是否为了股权激励，但由于低价协议转让、且认购者大多为公司内部人士，所以被看做是变相激励。

监管部门对新三板股权激励方案的监管和审批不像主板那么严格，现在的股权激励方案在实施过程中十分灵活和多样。对被誉为“金手铐”的股权激励，很多新三板公司老总并不十分理解其真正的作用，大多由机构建议和操盘。另外，不少新三板公司员工对公司实施的股权激励方案似乎并不满意。例如，有员工坦言，更期待的是可以自己持有股票，而不是通过有限合伙或者资管计划等间接持有；很多新三板公司由于是创业型企业，都面临一个问题，就是人才年龄很轻，流动很频繁，导致股权分享难以推行。

§ 第九节　素质意识提升 §

中小民营企业容易在生产经营规范性、资产权属、环保、税务、“五险一金”等方面出现问题。如公司变更为股份有限公司时，未按要求进行验资，导致注册设立存在瑕疵；租用的厂房产权手续不完善，其生产基地租赁方尚未取得合法的土地证和房产证；连续因环保项目违规，遭到项目所在环保部门的处罚；采用内外账方式，利润并未完全显现，挂牌前面临税务处罚和调账；在报告期内按当地社保缴纳基数下限给员工缴纳社保，而非法律规定的实际工资，并且未严格执行住房公积金管理制度。

出现这样的问题，企业一定要明白：彻底解决问题、切实规范运作才是根本，才是万全之策。

拟挂牌企业中，大部分企业的财务人员主要分为三种类型：

一类是行政兼管型（即由办公室主任等行政人员代为处理日常帐目）；

二类是亲信操作型（即由企业老板的亲属和关系方担任财务人员）；

三类是简单执行型（即虽由专业财务人员担任，但实际财务决策均由老板掌握），这里面有重经营轻管理的思想在作怪，更有老板紧抓财权和人权的意识在起作用。从某种意义上讲，这些想法都无可厚非，但如果长此以往，专业意识、现代意识、独立意识这三个财务工作的命脉将荡然无存，诸多财务问题将逐渐显现。因此，要真正解决财务的规划问题，还是要从财务人员的素质抓起，从老板的意识培养起。

例如某水果种植企业，会计基础极其薄弱，报告期内无专职会计人员，主要客户和供应商几乎全部为自然人，未签订合同，未开具发票，主要采用现金收付款。尽管其账面盈利能力较强，但终因内部控制缺失、会计基础薄弱而被劝退。另一汽车运输企业，报告期内成本、费用核算极其不规范，大量虚购没有经济实质的发票，报告期内单位能耗远高于同行业上市公司和挂牌公司且无法合理解释，最终也因会计基础薄弱而被劝退。对于拟申请挂牌的企业，其最近两年一期的财务报告应经具有证券期货从业资格的会计师事务所审计，对财务规范性提出了一定要求；而且《公司法》修订后，《企业登记管理条例》等文件随之修订，条例要求公司每年1月1日至6月30日要通过企业信息系统将年度财务报告向社会公众公示。因此建议会计基础过于薄弱的企业先规范一段时间再行申报，切不可急于求成。

■ 第二章 ■

新三板挂牌对财务的要求

2013年2月8日，全国股转公司发布业务规则，提出挂牌的6个条件：依法设立且存续满两年、业务明确；具有持续经营能力、公司治理机制健全；合法规范经营、股权明晰；股票发行和转让行为合法合规，主办券商推荐并持续督导，全国股份转让系统公司要求的其他条件。2013年6月14日，按照“可把控、可举证、可识别”的原则，对《全国中小企业股份转让系统业务规则（试行）》规定的六项挂牌条件了进行细化。

§ 第一节　依法设立、存续满两年的确认 §

《全国中小企业股份转让系统业务规则（试行）》要求拟挂牌公司依法设立且存续满两年。

一、依法设立

指公司依据《公司法》等法律、法规及规章的规定，向公司登记机关申请登记，并已取得企业法人营业执照。

（一）公司设立的主体和程序合法合规

1. 国有企业需提供相应的国有资产监督管理机构或国务院、地方政府授权的其他部门、机构关于国有股权设置的批复文件。

2. 外商投资企业须提供商务主管部门出具的设立批复文件。

3. 《公司法》修改（2006年1月1日）前设立的股份公司，须取得国务院授权部门或者省级人民政府的批准文件。

在实践中，上新三板的企业多为高新技术企业，很多企业存在国有创业引导基金前期投资的情况。所以要特别关注国有创投公司投资时是否履行相关法律程序。投资时，是否经有权部门履行了决策程序，是否需要国有资产监督管理部门批准。增资扩股时，是否同比例增资，如未同比例增资，是否履行评估备案手续。退出时是否履行了评估备案，是否在产权交易所进行了交易。

（二）公司股东的出资合法合规出资方式及比例应符合《公司法》相关规定

以实物、知识产权、土地使用权等非货币财产出资的，应当评估作价，核实财产，明确权属，财产权转移手续办理完毕。专家提示特别关注：实践中，上新三板的企业多为高新技术企业，很多企业创立时存在股东以无形资产评估出资的情况。如属于职务发明，则涉嫌出资不实问题，需要用现金替换无形资产出资。实践中，有些企业创始股东购买与公司主营业务无关的无形资产通过评估出资至公司，但是主营业务从未使用过该无形资产，或有些企业股东拿无形资产出资至公司，但是并未办理过户手续，则该等行为涉嫌出资不实，需要通过现金替换无形资产出资。以国有资产出资的，应遵守有关国有资产评估的规定。公司注册资本缴足，不存在出资不实情形。

二、两个会计年度确认

存续满两年是指存续期内经历两个完整的会计年度。有限责任公司按原账面净资产值折股整体变更为股份有限公司的，存续时间可以从有限责任公司成立之日起计算。整体变更不应改变历史成本计价原则，不应根据资产评估结果进行账务调整，应以改制基准日经审计的净资产额为依据折合为股份有限公司股本。申报财务报表最近一期截止日不早于改制基准日。

如果股改时，有限责任公司是按评估值折股改制为股份有限公司，则存续期间自股份有份公司完成工商变更之日起计算。

企业须有两个完整会计年度（每年的1月1日至12月31日）的运营记录方可申请新三板挂牌，也就是说如果2015年6月1日操作挂牌，企业成立时间不得晚于2013年1月1日。此外，如果公司成立于2013年1月1日，并且于2015年2月份完成2014年度财务报表审计，则可以直接申报新三板挂牌，无须等到2015年一季报出来后再申报，即最近一期财务报表不强制要求为季度、半年度或年度报表。

注意事项：财务报表的有效期是六个月，股转系统要求申报企业至少给其留出两个月审核时间，因此企业申报时距其最近一期财务报表有效期截止日不能少于两个月，否则股转系统会直接要求企业加审。奇康哈博公司申报财务报表将到期，股转公司提醒进行加期审计，公司未进行回复。股转系统不予挂牌。

存续未满两年案例：

案例

某自然人2013年依次取得A公司和B公司控股权，其中A公司设立于2003年，但截至2013年6月末公司几乎无实际经营，而B公司成立于2010年，经营业绩较好。该自然人拟选取A公司或B公司作为主体申请挂牌，但截至B公司设立未满两个会计年度，于是以A公司为拟挂牌主体。

在具体操作中，由A公司收购B公司全部股权进行控股合并，并将A和B解释为一开始就由该自然人实际控制（即股份代持），将A公司作为拟挂牌主体，以2013年6月30日为基准日进行股改，并将A和B作为同一控制下的企业，在编制合并报表时进行追溯调整。

在本案例中，B设立不满两个会计年度，但急于申请挂牌，找了一个壳公司对其进行收购，并解释为股份代持和同一控制，但终因证据不充分、刻意规避“依法设立且存续满两年”的条件而遭劝退。由此可见，拟挂牌公司依法设立且存续满两年的条件不可突破。

案例

2011 年 11 月 5 日，xx 有限公司股东会决议，以经评估确认的 2011 年 10 月 31 日净资产折股变更为 xx 股份有限公司。根据会计师事务所出具的资产评估报告书，截至 2011 年 10 月 31 日有限公司经评估的净资产值为 42,925，820.61 元，折合成股份公司 42,925,000 股，剩余 820.61 元记入资本公积。

分析：如果股改时有限责任公司是按评估值折股改制为股份有限公司，则存续期间自股份有份公司完成工商变更之日起计算，此案例就是属于这种情形，故视同股份公司新设，未满两年。如果按审计值折股，则自该有限公司设立之日起计算。

案例

整体变更可追续至有限责任公司成立日期。马龙国华公司成立有限责任公司的日期为 2006 年 7 月 25 日，2014 年 8 月 21 日按原账面净资产值折股整体变更为股份有限公司，以改制基准日经审计的净资产额为依据折合为股份有限公司股本，未改变历史成本计价原则，也未根据资产评估结果进行账务调整，符合“整体变更设立”，不存在以评估值入资设立股份公司的情况。因此，股转系统认可其存续满两年，该公司于 2015 年 1 月 27 日挂牌。中科药源于 2006 年 1 月 23 日成立，于 2008 年 12 月 17 日整体变更为股份有限公司，公司设立及整体变更合法合规。公司符合“依法设立且存续满两年”的条件。

§ 第二节　业务明确、持续经营的财务表现 §

根据全国股份转让系统 2013 年 6 月 30 日的《全国中小企业股份转让系统股票挂牌条件适用基本标准指引（试行）》（以下简称《挂牌条件指引》）全国股份转让系统对此作了明确说明：

1. 业务明确，是指公司能够明确、具体地阐述其经营的业务、产品或服务、用途及其商业模式等信息，主营业务突出。通常情况下，企业的主营业务收入应当占到总收入的70%以上，主营业务利润应当占到利润总额的70%以上。比如软件开发和系统集成为主营业务的企业，旗下有从事文化广告传媒的小规模子企业，这些子企业与企业的主营业务并没有紧密联系，应当对其进行重组，使企业集中于主业。

2. 公司可同时经营一种或多种业务，每种业务应具有相应的关键资源要素，该要素组成应具有投入、处理和产出能力，能够与商业合同、收入或成本费用等相匹配。

（1）公司业务如需主管部门审批，应取得相应的资质、许可或特许经营权等。

（2）公司业务须遵守法律、行政法规和规章的规定，符合国家产业政策以及环保、质量、安全等要求。

3. 持续经营能力，是指公司基于报告期内的生产经营状况，在可预见的将来，有能力按照既定目标持续经营下去。

（1）公司业务在报告期内应有持续的营运记录，不应仅存在偶发性交易或事项。营运记录包括现金流量、营业收入、交易客户、研发费用支出等。

（2）公司应按照《企业会计准则》的规定编制并披露报告期内的财务报表，公司不存在《中国注册会计师审计准则第1324号——持续经营》中列举的影响其持续经营能力的相关事项，并由具有证券期货相关业务资格的会计师事务所出具标准无保留意见的审计报告。

财务报表被出具带强调事项段的无保留审计意见的，应全文披露审计报告正文以及董事会、监事会和注册会计师对强调事项的详细说明，并披露董事会和监事会对审计报告涉及事项的处理情况，说明该事项对公司的影响是否重大、影响是否已经消除、违反公允性的事项是否已经纠正。

公司不存在依据《公司法》第一百八十一条规定解散的情形，或法院依法受理重整、和解或者破产申请。

虽然新三板挂牌条件中并无明确的财务指标要求，对企业是否盈利也无硬性规定，但企业的持续经营要有保障，即企业经营模式、产品和服务没有重大变化，在所处的细分行业有很好的发展前景。

要解决这一问题可以从三方面入手，一是委托专业的咨询机构对产品进行合理定义；二是业务要配合专利申请、知识产权保护、专家鉴定等活动，特别是要把有针对性的技术查新资料作为补充材料提供给监管机构，尤其是技术的未来趋势及可替代性技术优劣势的分析；最后，行业数据推理过程要清晰，要有详实的调研工作底稿。

由《挂牌条件指引》可知，持续亏损并不一定构成挂牌障碍，目前盈利也不一定就能证明公司具有持续经营能力。

案例

以某生物医药类挂牌公司 A 为例，该公司自申请挂牌报告期期初至披露 2014 年年度报告为止，持续进行生物医药研发，但尚未进行量化生产。因医药要经过临床前实验、制剂稳定性、生物利用度实验和临床实验等漫长而复杂的过程，公司申请挂牌时，研发项目尚处于临床阶段，公司主要收入来源于技术转让。A 公司最终成功挂牌。另一公司 B 报告期内最后一期收入 6000 多万元，净利润 2700 多万元，其产品主要包括 C 设备和 D 产品，其中 C 设备用途为生产 D 产品，C 设备销售收入占比达 90% 以上，C 设备单台设备标的金额较高，主要销售给关联方用于生产 D 产品，而报告期内 D 产品毛利率较低。B 公司最终被劝退。

从以上两个项目来看，报告期内仅有偶发性交易并不必然构成挂牌障碍，这与公司所处行业特点和公司发展阶段有关。而报表上的销售收入和利润，并不一定就能证明公司具有持续经营能力。如 B 公司，最终因同业竞争、持续经营能力受质疑被劝退。持续经营能力是三板审核关注的落脚点，其他问题或许还有商量的余地，但是企业如果无法持续经营，无疑就是被判了死刑。

日本某公司目前是全球唯一的大批量生产非晶合金带材的企业。2011 年 9 月 30 日前，公司关联企业（2009 年和 2010 年为公司的母公司，

2011年股权转让后不再持有公司股权，属与公司在同一实际控制人下的关联方）是日本公司在中国境内非晶带材的独家代理商。公司的主要原材料非晶合金带材全部来源于其关联企业，公司原材料来源较为单一，存在对主要原材料供应商的依赖的风险。2008年2月21日，公司关联企业与日本公司签订非晶带材供货协议，期限至2011年9月30日。目前，供货协议已到期。经证券商了解，由于中国市场发生变化，国内某上市公司正在研发自行生产非晶带材，日本公司一直未与公司关联企业重新签订供货协议，双方正在协商过程中，将来签订协议的期限有可能会缩短。公司向关联企业的采购金额较大，2009年、2010年和2011年1—4月向关联企业的采购额占年度采购总额的比例分别为98%、89%和97%，可以说，公司主要依靠关联企业取得非晶带材。

一旦关联企业无法提供非晶带材，公司的生产经营将受到重大影响。相关数据表明，公司今年收入和成本将达不到上年水平，而且目前存货也无法满足经营需要。关联企业的库存非晶带材情况不详，在与日本公司重新签订协议前能否再向公司提供非晶带材也不确定。上述问题直接影响公司正常生产经营，进而影响公司持续经营能力，建议公司原材料供应问题明朗后再挂牌。

新三板并未对拟挂牌企业提出利润要求，但是实践中挂牌的企业基本上都实现了盈利，实践中有些企业为了做成盈利而虚构部分业务合同。建议公司不要为了做盈利而虚构合同，得不偿失。

实践中，上新三板的企业多为创业型企业，部分企业在报告期存在核定征税问题，应尽快根据会计师的意见调整为查账征收，规范公司财务管理制度和内控制度。

公司应结合营运记录（可采用多维度界定，如现金流量、营业收入、交易客户、研发费用、合同签订情况、行业特有计量指标等情况）、资金筹资能力（如挂牌并发行）等量化指标，以及行业发展趋势、市场竞争情况、公司核心优势（如技术领先性）、商业模式创新性、风险管理、主要客户及供应商情况、期后合同签订以及盈利情况等方面评估公司在可预见的未来的持续经营能力。如果评估结果表明对持续经营能力产生重大怀疑的，公司应在公开转让说明书中披露导致对持续经营能力产生重大怀疑的因素以及公司拟采取的改善措施。

案例

某公司合并报表最近一期末净资产为负数，但是母公司财务状况良好。净资产为负数的主要原因在于报告期内新设子公司前期投入较大且未取得收入，公司主要采取债务融资方式，导致合并报表净资产为负数。

公司结合营运记录、公司竞争优势、母公司营运情况、获取现金流能力等详细分析了持续经营能力，充分披露了子公司对合并报表的影响，对新设子公司的相关风险进行了充分揭示，并且在挂牌同时做了定向增资，挂牌前净资产已转正。

主办券商及会计师对持续经营能力进行了多维度的论证并发表意见。

公司应结合营运记录（可采用多维度界定，如：现金流量、营业收入、交易客户、研发费用、合同签订情况、行业特有计量指标等情况）、资金筹资能力（如：挂牌并发行）等量化指标，以及行业发展趋势、市场竞争情况、公司核心优势（如：技术领先性）、商业模式创新性、风险管理、主要客户及供应商情况、期后合同签订以及盈利情况等方面评估公司在可预见的未来的持续经营能力。如果评估结果表明对持续经营能力产生重大怀疑的，公司应在公开转让说明书中披露导致对持续经营能力产生重大怀疑的因素以及公司拟采取的改善措施。

案例

以甘肃中科药源生物工程股份有限公司为例，业务明确，具有持续经营能力。

（1）公司业务明确

2013 年、2014 年及 2015 年 1—4 月，公司营业收入分别为 786.89 万元、2,292.37 万元和 638.93 万元，全部来源于 KT 系列负载型镍催化剂的生产与销售，公司业务明确。

（2）公司具有持续经营能力

公司在报告期内营业收入、营业成本、期间费用以及现金流量等营运记录完整，不存在未能在每一个会计期间内形成与同期业务相关的持续营运记录的情形。

2013 年、2014 年及 2015 年 1— 4 月，公司营业收入分别为 786. 89 万元、2,292. 37 万元和 638. 93 万元，同期净利润分别为 -570. 92 万元、-139. 77 万元和 -165. 37 万元，报告期内公司处于亏损状态。主要是 2013 年度属于公司产品的试生产销售阶段，客户少且需求量低；2014 年以来，国家环保监管力度逐渐加强，公司下游企业工艺改造积极性明显提高，产品稳定性及性能优异性得到市场认可，公司产品进入市场推广期，收入快速增长。公司主营业务为负载型镍催化剂的研发、生产和销售，产品所适用的催化加氢还原工艺系绿色工艺，具有优异的环保性能，是铁粉还原工艺及硫化碱还原等强污染工艺的替代工艺技术。2008 年 4 月 14 日，科学技术部、财政部及国家税务总局颁布《高新技术企业认定管理办法》及其附件《国家重点支持的高新技术领域》，精细化工新材料属于国家重点支持的高新技术领域。2011 年 4 月，国家发改委发布《产业结构调整指导目录（2011 年本）》，将新型精细化学品的开发与生产列为国家鼓励类产业，而石化化工中的铁粉还原法工艺、平炉法和大锅蒸发法硫化碱生产工艺和医药生产中的铁粉还原法对乙酰氨基酚（扑热息痛）、咖啡因装置明确列入淘汰类。2012 年 2 月，中华人民共和国工业和信息化部发布《石化和化学工业“十二五”发展规划》，将精细化工列为节能减排和资源综合利用要点。因此，公司业务发展不存在受产业限制的情形，系国家政策支持的行业。鉴于此，公司不存在报告期连续亏损且业务发展受产业政策限制的情形。

公司不存在报告期期末净资产额为负数的情形。

公司不存在重大债务及或有事项，不存在未决诉讼，不存在关联方占用公司资金的情形。公司不存在其他可能导致对持续经营能力产生重大影响的事项或情况。

综上，公司符合“业务明确，具有持续经营能力”的挂牌条件。

案例

帝远股份公司上游产业（可燃油、煤炭、钢铁、建材等）属于夕阳产业，受到产业政策限制，存在被清洁能源代替的风险，同时营业额下降且持续亏损。公司的持续经营能力受到影响。因此，不予挂牌。

案例

来购商业公司2013年、2014年1—6月公司传统零售收入占比为分别88.80%和89.75%，资不抵债（2012年、2013年资产负债率为107.89%、168.80%），毛利率低且持续亏损。传统零售业务受到电商严重冲击，且公司在经营策略上无法做出重大的调整，持续经营能力受到影响。因此，不予挂牌。

§ 第三节　合法规范经营对财务的要求 §

一、合法规范经营的具体要求

《挂牌条件指引》要求拟挂牌公司合法合规经营，即公司及其控股股东、实际控制人、董事、监事、高级管理人员须依法开展经营活动，经营行为合法、合规，不存在重大违法违规行为。

（一）公司治理机制健全

是指公司按规定建立股东大会、董事会、监事会和高级管理层（以下简称“三会一层”）组成的公司治理架构，制定相应的公司治理制度，并能证明有效运行，保护股东权益。

1. 公司依法建立“三会一层”，并按照《公司法》《非上市公众公司监督管理办法》及《非上市公众公司监管指引第3号——章程必备条款》等规定建立公司治理制度。

2. 公司“三会一层”应按照公司治理制度进行规范运作。在报告期内的有限公司阶段应遵守《公司法》的相关规定。

3. 公司董事会应对报告期内公司治理机制执行情况进行讨论、评估。

专家提示特别关注：实践中拟上新三板的企业公司治理相对较弱，部分企业尚未建立董事会，或者董事会成员主要为家族成员。

建议在股改的时候规范公司的“三会一层”，存在家族成员控制董事会情形的，适当引进公司管理层或者外部董事。

重视公司三会治理制度，公司经营应当严格按照公司章程等公司制度执行，提早适应挂牌后的信息披露要求。

（二）合法合规经营

1. 指公司及其控股股东、实际控制人、董事、监事、高级管理人员须依法开展经营活动，经营行为合法、合规，不存在重大违法违规行为。

公司的重大违法违规行为是指公司最近 24 个月内因违反国家法律、行政法规、规章的行为，受到刑事处罚或适用重大违法违规情形的行政处罚。

①行政处罚是指经济管理部门对涉及公司经营活动的违法违规行为给予的行政处罚。

②重大违法违规情形是指，凡被行政处罚的实施机关给予没收违法所得、没收非法财物以上行政处罚的行为，属于重大违法违规情形，但处罚机关依法认定不属于的除外；被行政处罚的实施机关给予罚款的行为，除主办券商和律师能依法合理说明或处罚机关认定该行为不属于重大违法违规行为的外，都视为重大违法违规情形。

③公司最近 24 个月内不存在涉嫌犯罪被司法机关立案侦查，尚未有明确结论意见的情形。

凡是被罚款以上的处罚，均需要处罚机关出具不属于重大违法违规行为的证明。关注税务处罚、工商、环保处罚。董监高应当在中国人民银行征信系统中信用记录良好，不存在失信行为。

2. 控股股东、实际控制人合法合规，最近 24 个月内不存在涉及以下情形的重大违法违规行为：控股股东、实际控制人受刑事处罚；受到与公司规范经营相关的行政处罚，且情节严重；情节严重的界定参照前述规定；涉嫌犯罪被司法机关立案侦查，尚未有明确结论意见。

3. 现任董事、监事和高级管理人员应具备和遵守《公司法》规定的任职资格和义务，不应存在最近24个月内受到中国证监会行政处罚或者被采取证券市场禁入措施的情形。

实际控制人、董事、监事、高管人员是否设立过其他公司或者在其他公司担任该公司法定代表人而该公司可能因为未年检被吊销营业执照的情形（董监高被列入黑名单而不能在拟挂牌企业担任董监高及法定代表人）。

4. 公司报告期内不应存在股东包括控股股东、实际控制人及其关联方占用公司资金、资产或其他资源的情形。如有，应在申请挂牌前予以归还或规范。报告期内公司股东占用公司资金、资产等情形的，应当及时清理、归还，并出具规范控股股东占用公司资金的承诺函等。

5. 公司应设有独立财务部门进行独立的财务会计核算，相关会计政策能如实反映企业财务状况、经营成果和现金流量。

二、合规经营案例分析

新三板挂牌公司大多为中小企业，大多存在这样或那样的问题，身家清白没有任何瑕疵的公司似乎不多，一般违法违规，并不构成障碍，但“重大”违法违规就成为监管红线。重大违法违规在《挂牌条件指引》中有明确规定，但其本身难以量化，又涉及工商、环保、安全、质量、税务、土地和房产等方方面面，实践中有时较难把握，但审核时一般重点关注企业违法违规的性质，是否出于主管故意、是否造成恶劣的社会影响、企业事后的态度以及事件本身的进展情况，下面择几案例进行分析。

案例

某化工类A企业，由集体企业改制设立，因土地使用权存在瑕疵导致未办理环评手续，尽管当地环保部门为其出具了合法合规证明文件，但最终因为未办理环评手续而被劝退。某农林类B企业和C企业，其中B租用基本农田种植果树和苗木，且面积较大，移植后可能存活率较低，终因违反《土地管理法》和《基本农田保护条例》等法律法规而被劝退；C企业租赁集体土地未按照《土地承包法》《农村土地承包经营权流转管理办法》等相关规定履行相关程序，农村土地流转没有逐一签署授权委托书，涉及人数较多而被劝退。

分析：自2015年开始，全国股份转让系统尤其重视拟挂牌公司在报告期内的合法合规性，对涉嫌环保、质量、安全、土地等审核时趋严。如企业违法违规并非主观故意，且未造成重大社会影响，企业积极改正并采取补救措施，同时监管部门出具证明文件的，一般并不构成障碍，但是建议申请挂牌公司遵纪守法，合法合规经营，尤其是重大违法违规的监管红线不可挑战。

在某研发和生产医疗器械的A案例中，企业产品所需要的核心技术被其他方提起了专利诉讼，要求认定挂牌企业的专利无效，并且一审已经作出判决认定专利无效。尽管挂牌企业提起了上诉并且正在审理过程中，但是企业的核心技术还是会存在重大的不确定性，企业的生产经营也存在不确定性。

B企业中，企业的实际控制人因为经济犯罪的问题被隔离审查，虽然当事人是否会被批捕甚至承担刑事责任尚没有一个明确的定论，但是由于公司核心的创始人和实际控制人存在不确定性，从而也会导致公司的生产经营存在重大风险。

案例

XX公司控股股东A先生提供了一批电子设备和办公设备给公司无偿使用，同时其欠公司款项680,850元。2011年4月，A先生以此批固定资产抵偿债务，此批资产经过辽宁正和资产评估有限公司评估为680,850元。但A先生并无此批资产的所有权证明。A先生承诺如因此批资产所有权产生纠纷，相关责任由其承担。此批固定资产金额占总资产金额的比重较小约1%，但占固定资产2011年末余额达到比重为94.45%。

分析：A先生用于抵偿债务的固定资产无所有权，因此，抵偿债务的行为存在法律问题，此相关会计处理不能成立。要求股东A先生采取措施，偿还债务，处理相关固定资产，消除上述事项产生的影响。

案例

XX公司所属行业为广播电影电视业，XX公司目前主营业务为制作并发行电视剧作品。股东两名，各持股50%，分别为A公司和B公司，其中后者经营范围为电视剧制作、摄制电影（单片）、影视策划、影视咨询等，并投资其他多家影视制作公司。XX公司与B公司合作拍摄多部电视剧，前期通过B公司申请发行许可证等。B公司承诺“本公司作为XX公司股东，主要从事电影、电视剧的制作和发行业务，与XX公司合作了《母亲是条河》《只比永远少一天》《爱的礼物》等多部电视剧，形成了良好的合作关系。由于本公司与XX公司同属于从事电影电视制作发行的公司，为了有效避免竞争，本公司承诺对于XX公司与本公司都有意向投资的题材和剧本，在不共同投资的情况下，则约定错开制作期间和发行期间，以避免直接竞争”。

分析：公司及其主要股东A公司明显存在同业竞争，且无实际消除措施。

§ 第四节　股权明晰 §

《挂牌条件指引》要求拟挂牌公司的股权结构清晰，权属分明，真实确定，合法合规；股东特别是控股股东、实际控制人及其关联股东或实际支配的股东持有公司的股份不存在权属争议或潜在纠纷；股票发行和转让合法合规，是指公司的股票发行和转让依法履行必要内部决议、外部审批（如有）程序，股票转让须符合限售的规定。挂牌企业需要资产权属完整、股权清晰稳定以及业务明确持续，最核心的要求就是公司的资产或者股东与挂牌企业相关的资产不得存在瑕疵或者明显的争议。比较常见的问题是股权可能存在争议、资产可能存在第三方提出权利归属、甚至存在股东或者企业被立案调查的情形等。

一、关于股份代持问题

新三板对股份代持采取了相对宽容的态度，只要充分履行信息披露义务并在申报前予以还原，即便实际控制人变更，也不会构成实质性障碍。但部分拟挂牌公司对大股东股份代持扔心存侥幸，全国股份转让系统曾劝退过一个外商投资企业，被劝退的原因并非其股东性质，而是股份代持。而对于曾在区域性股权挂牌的企业，股转公司会重点关注其股票发行和股份转让情况是否合法合规，是否存在违背国办发〔2012〕37号文件（《国务院办公厅关于清理整顿各类交易场所的实施意见》）的情形，另一家曾在区域股权挂牌的企业，因最近36个月内存在违规股票发行和股票转让情况而被劝退。

对于拟挂牌公司小股东的股份代持，在不影响拟挂牌公司实际控制人认定和股权稳定性的情况下，即便挂牌前未经还原，可能也不构成障碍，但是建议充分披露。而对于大股东的股份代持，一旦发现权属纠纷，将影响公司实际控制人认定和股权结构的稳定性，拟挂牌公司不可心存侥幸；中介机构在执业时也要勤勉尽责、归位免责，保证获取充分、适当的证据，即便出现问题也要能自证清白。

如存在股权代持，需核查代持的原因，并根据实际情况还原股权代持，要求相关股东签署不存在股权纠纷的承诺函等。公司的股东不存在国家法律、法规、规章及规范性文件规定不适宜担任股东的情形。

要确保不否存在公务员、事业单位人员持股的情况。

二、关于注册虚实问题

新的公司法明确了对公司注册资本放开监管的理念，同时我们也一直在强调新三板挂牌标准的多样化，于是很多人认为新三板挂牌企业注册资本可以存在虚增的情形，这显然是不对的。注册资本是股东投入企业的资产，同时也是企业发展运营的基本“口粮”，如果这个资产存在虚构的成分，那么企业运行的根基是不稳健的，甚至企业的股东也存在诚信问题。对于拟挂牌企业历史上存在代验资的问题，应当由相关股东按照出资比例补足，不应当再继续采用挂账方式处理。

对于大股东出资后将注册资本挪作私用的，涉嫌抽逃出资，应当尽快归还，并适当计息。

很多企业的股东存在诸多的出资不实的情形，比如：无形资产出资评估价值高估、股东出资之后抽逃资金等。企业存在出资不实的情形，需要企业进行减资或者由股东补足出资不实的部分，这个问题就不再构成企业挂牌的实质障碍。并且，新三板挂牌与IPO存在的明显差异是，新三板对于补足出资没有运行时间的要求。

三、无形资产出资问题

新三板由中关村代办股份转让系统逐步扩容发展而来，挂牌企业中高新技术企业数量众多，以专利、著作权、非专利技术等无形资产出资情形大量存在，相当部分企业存在无形资产出资方面的问题。在新三板项目操作过程中，券商、律师都会对无形资产出资进行详细核查，如存在问题，均会要求规范。与IPO不同之处，这种问题只要纠正，就可以立即在新三板挂牌；而公开发行上市，则视问题出资金额大小在纠正问题后经营满一段时间方可申请发行。

（一）涉及无形资产出资的法律法规

新《公司法》第27条：股东可以用货币出资，也可以用实物、知识产权、土地使用权等可以用货币估价并可以依法转让的非货币财产作价出资。但是，法律、行政法规规定不得作为出资的财产除外。

对作为出资的非货币财产应当评估作价，核实财产，不得高估或者低估作价。法律、行政法规对评估作价有规定的，从其规定。

全体股东的货币出资金额不得低于有限责任公司注册资本的30%。

旧《公司法》第24条：股东可以用货币出资，也可以用实物、工业产权、非专利技术、土地使用权作价出资。对作为出资的实物、工业产权、非专利技术或者土地使用权，必须进行评估作价，核实财产，不得高估或者低估作价。土地使用权的评估作价，依照法律、行政法规的规定办理。

以工业产权、非专利技术作价出资的金额不得超过有限责任公司注册资本的20%，国家对采用高新技术成果有特别规定的除外。

（二）无形资产出资的程序

用于出资的无形资产需对公司经营起到重要作用，能产生一定收益的无形资产。一般来说，无形资产出资需经过评估、所有权转移、验资几个程序。

1. 无形资产评估

无形资产出资时应需要由第三方评估机构进行价值评估。评估一般首选“收益法”。收益法常用指标有收益额、收益期限和折现率。收益额是指由无形资产直接带来的未来的超额收益。收益期限是指无形资产具有的实现超额收益能力的时间。

总体来说，用收益法进行评估只是一种预测，难免带有主观偏差。因此，如涉及无形资产出资的，保荐人在尽调时会对无形资产所涉及的收入部分进行调查，确保无形资产在评估的收益期限内实现了评估的收益价值。如需要，还会聘请具有证券及期货资格的评估机构重新复核当时的评估结果。

2. 办理财产转移手续

对于无形资产出资，根据《公司法》，应办理财产转移手续，即需将无形资产所有权属由股东变更为公司。

3. 验资

无形资产出资和货币出资、实物出资一样，须在出资完成后，由会计师验资后计入实收资本。

（三）无形资产出资的一般问题

从现有案例来看，无形资产出资一般存在如下问题：没有评估报告、验资报告存在瑕疵、中介机构没有相应资质、无形资产占比过高、估值过高，无形资产属职务发明等等。出现这种情况，需要如实披露，承认有不规范或瑕疵。

职务发明是比较容易引发纠纷的问题。一般的解决思路是：如果是公司用无形资产出资，就要设法证明该项无形资产属于职务发明；如果是自然人股东以无形资产出资，就要设法证明该无形资产不属于职务发明。

如果涉及职务发明，只能依会计差错以减资方式进行，减资公告后，注销无形资产（按照目前会计准则职务发明不是确认价值的），为弥补减资后对公司的影响，通常会采用等值货币再行增资至原来水平。

在处理价值高估问题时，应在相关的董事会、股东会或交易文本中按以下口径说明比较好：发现技术未能发挥原来估计的作用，作价偏高，经重新评估，股东协商调低作价或者原股东补足作价偏高的部分，这样比较容易解释为价值评估或客观情况发生变化等方面的问题而非出资不实。

一般的会计处理方式是：

如果出资资产对公司没有价值或不适用于公司经营，由出资股东将账面余额用等值货币或其他资产回购，对不实摊销的部分再以等值货币或其他资产补足。

如果出资资产对公司经营非常必要，先将无形资产全部做减值处理，再由原出自股东将减值补足，计入资本公积。将不实摊销的部分再以等值货币或其他资产补足。

对于无形资产价值问题的弥补措施，主要包括置换和补足，如果是无形资产的评估值远超过资产的真实值，或者专利被覆盖，也可以采取全额计提减值准备的方式，使净资产保持持续真实。

（四）案例分析

案例

在某研发和生产医疗器械的A案例中，企业产品所需要的核心技术被其他方提起了专利诉讼，要求认定挂牌企业的专利无效，并且一审已经作出判决认定专利无效。尽管挂牌企业提起了上诉并且正在审理过程中，但是企业的核心技术还是会存在重大的不确定性，企业的生产经营亦存在不确定性。

2011年4月，控股股东甲以3000元价格从公司购买三项专利（公司账面未计入无形资产，主导产品应用的核心技术）；2011年8月，甲以购买的三项专利技术向公司增资，三项专利技术评估价值为204.67万元，其中98万元作为注册资本，剩余部分记入资本公积，增资后注册资本从100万元增加到198万元。

分析：对于一项资产，短时间内出现两个迥异的价格，该事项存在两方面问题：一是公司将自有无形资产以3000元卖给公司股东，存在贱卖公司资产嫌疑，损害公司利益；二是公司在卖出无形资产4个月后，又接受股东以该部分无形资产增资，存在通过交易安排变相以自有无形资产高评增资的嫌疑，影响到股东是否足额出资。股东甲应与公司补充协议，约定转让价格为204.67万元，甲需要向公司支付专利转让价款204.67万元；甲通过上述转让获得专利后，将专利无偿赠与公司或长期无偿提供给公司使用。因此，公司还将拥有上述专利。通过上述交易，上述专利将不会在公司账上体现，而现金增加，并增加当期的利润（非经营性）。

案例

软件著作权出资瑕疵解决案例能龙教育（831529）

公司增资时股东以软件著作权经评估后出资，但由于该软件著作权与公司的生产经营相关，不排除利用了公司的场地和办公设备甚至公司的相关技术成果，无法排除该项软件著作权属于职务成果的嫌疑，此项软件著作权出资存在瑕疵，公司股东已经以变更出资方式，以现金出资对该部分出资予以补正，而前述软件著作权仍作为公司资产，此次出资的法律瑕疵问题已经解决。

山水园林（831562）

公司增资时股东以软件著作权经评估后出资，经该出资股东陈述，其用于出资的软件著作权所有的开发费用均由其自己承担，没有利用公司的资金、专用设备、未公开的专门信息等物质技术条件，系独立完成的计算机软件著作权。出资之时，也经过了相应资质的资产评估公司评估作价。但为避免产生歧义，消除新三板挂牌的潜在瑕疵，该股东以货币资金置换无形资产出资。

深港环保：未取得国有股权批复文件

公司出资程序存在瑕疵，向深圳市财政委员会及相关部门申请批复文件，预计2015年3月下旬可以取得正式批文。截止2015年8月，公司未明确说明是否已经取得该批复文件，且未披露该批复文件的最新办理进展情况。武汉中科水生环境工程股份有限公司也因为同样原因闯关失败，不予挂牌。

第三章

股改财务操作实务

§ 第一节 改制概述 §

根据我国《公司法》《证券法》和中国证监会颁布的规范性文件的规定，设立股份有限公司应具备以下条件：

1. 应当有 2 人以上 200 以下为发起人，其中须有半数以上在中国境内有住所；

2. 发起人认购和募集的股本达到法定注册资本最低限额 500 万元人民币；

3. 股份发行、筹办事项符合法律规定；

4. 发起人制订公司章程，采用募集方式设立的经创立大会通过；

5. 有符合公司法要求的公司名称，建立符合股份有限公司要求的组织机构；

6. 有合法的公司住所。

公司分类见下图，在新三板挂牌的必须是股份有限公司，在实际操作中，大部分新三板公司都是由有限责任公司改制而来。

公司分类

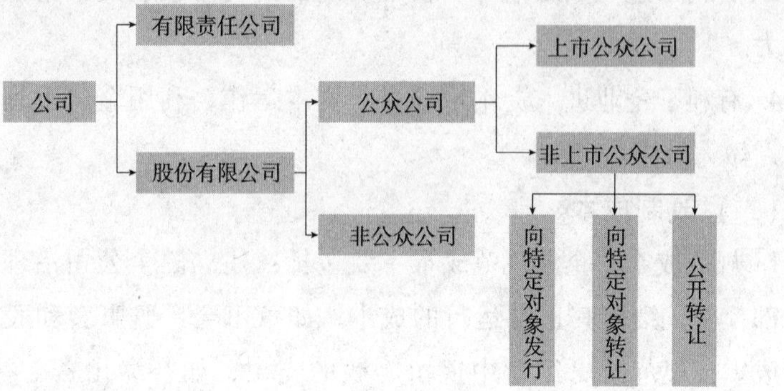

上市公司：其股票在证券交易所上市交易的股份有限公司。
公众公司：其股票向特定对象发行或者转让导致股东累计超过200人，或以公开方式向社会公开转让的股份有限公司。
非上市公众公司：公众公司中，其股票未在证券交易所上市交易的股份有限公司。
公开发行：向不特定对象发行证券或向特定对象发行证券累计超过200人，以及法律、行政法规规定的其他发行行为。

改制为股份公司是企业走进全国股份转让系统的前置程序，改制不仅是企业组织形式的简单改变，它更是一个复杂的系统工程，涉及企业股权结构、内部管理架构、业务架构、财务结构、税收规划等诸多方面，对企业影响深远。例如，股份制是企业集中社会资本最有利的组织形式，有利于吸收小资本，兴办大事业；只有股份公司可以实现资本证券化，从而使企业股票得以在更大范围内自由转让。改制对企业挂牌工作至关重要，是企业和中介机构在挂牌准备阶段的重点工作和核心内容。改制是指依法改变企业原有的资本结构、组织形式、经营管理模式或体制等，使其在客观上适应企业发展新需要的过程。实践中改制包括国有企业的改制、集体企业的改制、中外合作企业的改制、企业股份制的改造等。

一、改制基本问题分析

（一）改制好处

1. 有利于建立现代企业制度，规范法人治理结构，促使企业持续稳定经营。

2. 有利于提高企业管理水平，降低经营风险。

3. 有利于建立归属清晰、权责明确的现代产权制度，增强企业创新的动力。

4. 有利于企业进入资本市场进行资本运作，利用金融工具进行资源整合，做大做强。

（二）改制成本

1. 规范成本。企业规范成本主要包括：建立健全公司治理机制，完善内部控制，维持其正常运行的成本，如董事会、监事会和股东大会的运行成本；规范历史经营中遗留问题的支出，如补缴出资、补缴欠税、不合规问题纠正及风险化解支出等。

2. 重组成本。企业重组成本主要包括：为更有利于企业未来发展和资本运作，进行业务调整，资产置换、剥离、处置，股权调整，股权激励等操作所支出的税费。

3. 中介机构费用。中介机构费用主要包括：证券公司财务顾问费、会计师事务所审计费用、律师费、资产评估费（如需）等。

目前，很多地方政府出台了鼓励企业股份制改造及挂牌的补贴政策，可以覆盖部分改制成本。

（三）适宜改制的企业

1. 需要规范治理结构、提高管理水平的企业。

2. 需要扩充股东人数的企业。

3. 已有一定业务规模，需要持续发展、扩大业务规模的企业。

4. 具有创新业务模式，需要提升品牌、提高估值水平的企业。

5. 拟进入国务院批准设立的证券交易场所交易融资，即申请在全国股份转让系统及沪深证券交易所挂牌上市的企业。

（四）企业改制的目标

1. 确定公司的独立法人财产权，有效地实现出资者所有权与公司法人财产权的分离。

2. 建立规范的公司治理结构。根据《公司法》建立股东大会、董事会、监事会、经理层分权与制衡为特征的公司治理结构，塑造真正的市场竞争主体，以适应市场经济发展的需要。

3. 建立有效的公司管理结构、内部控制制度、竞争激励机制，促进公司的发展。

4. 梳理与规范企业历史瑕疵问题，消除风险隐患，按照挂牌上市要求，夯实企业进入证券市场的基础。

5. 合法合规地将企业的类型变更为股份制公司。

（五）企业改制应坚持以下三个主要原则

1. 合法性原则。企业改制的内容和程序都要合法合规。

2. 稳定性原则。企业改制要保持企业在改制前后生产经营的连续性和稳定性。

3. 科学性原则。企业改制要着重于企业组织制度的科学改造，建立先进的产权制度、科学的法人治理结构。

二、有限责任公司改为股份有限公司的七大流程

第一，制定企业改制方案，并形成有效的股东会决议。

第二，清产核资。主要是对企业的各项资产进行全面清查，对企业各项资产、债权债务进行全面核对查实。清产核资的主要任务是清查资产数额，界定企业产权，重估资产价值，核实企业资产。从而进一步完善企业资产管理制度，促进企业资产优化配置。

第三，界定企业产权。主要是指企业国有资产产权界定。企业国有资产负有多重财产权利，权利结构复杂，容易成为纠纷的源头，所以需要对其进行产权界定。企业产权界定是依法划分企业财产所有权和经营权、使用权等产权归属，明确各类产权主体的权利范围及管理权限的法律行为。为此，要明确哪些资产归属国家，哪些资产的哪些权能归属于哪些主体。

第四，资产评估。资产评估是指为资产估价，即经由认定资格的资产评估机构根据特定目的，遵循法定标准和程序，科学地对企业资产的现有价值进行评定和估算，并以报告形式予以确认。资产评估要遵循真实、公平、独立、客观、科学、专业等原则。其范围既包括固定资产也包括流动资产，既包括无形资产也包括有形资产。其程序包括申请立项、资产清查、评定估算和验证确认等几个步骤。资产评估经常委托专业的资产评估机构进行。

第五，财务审计。资产评估完成后，应聘请具有法定资格的会计师事务所对企业改制前三年的资产、负债、所有者权益和损益进行审计。会计师事务所对资产评估机构的评估结果进行确认。

第六，认缴出资。企业改制后认缴的出资额是企业经评估确认后的净资产的价值。既包括原企业的资产换算，也包括新认缴注入的资本。

第七，申请登记。此登记既可以是设立登记，也可以是变更登记。工商行政管理部门对符合法律规定的公司予以登记，并发放新的营业执照。营业执照签发的日期为企业或公司成立的日期。

三、改制为股份有限公司应具备的条件

有限责任公司整体变更为股份有限公司是指在股权结构、主营业务和资产等方面维持同一公司主体，将有限责任公司整体以组织形式变更的方式改制为股份有限公司，并将公司经审计的净资产额相应折合有股份有限公司的股份总额。整体变更完成后，仅仅是公司组织形式不同，而企业仍然是同一个持续经营的会计主体。

根据我国公司法、证券法和中国证监会颁布的规范性文件的规定，设立股份有限公司应具备以下条件：

1. 应当有 2 人以上 200 人以下为发起人，其中须有半数以上在中国境内有住所；

2. 发起人认购和募集的股本达到法定注册资本最低限额 500 万元人民币；

3. 股份发行、筹办事项符合法律规定；

4. 发起人制订公司章程，采用募集方式设立的经创立大会通过；

5. 有符合公司法要求的公司名称，建立符合股份有限公司要求的组织机构；

6. 有合法的公司住所。

四、改制具体操作步骤

（一）设立改制筹备小组，专门负责本次改制工作

筹备小组通常由董事长或董事会秘书牵头，汇集公司生产、技术、财务等方面的负责人，不定期召开会议，就改制过程中遇到的有关问题进行商讨，必要时还应提请董事会决定。筹备小组具体负责以下工作：

1. 研究拟订改组方案和组织形式；

2. 聘请改制有关中介机构，并与中介机构接洽；

3. 整理和准备公司有关的文件和资料；

4. 召集中介机构协调会，提供中介机构所要求的各种文件和资料，回答中介机构提出的问题；

5. 拟定改制的有关文件；

6. 向政府主管部门申报文件或备案，取得政府批文；

7. 联络发起人；

8. 办理股份有限公司设立等工作。

（二）选择发起人

现行法律规定，设立股份有限公司应当有 2 人以上 200 人以下为发起人。如果拟改制的有限责任公司现有股东人数符合该要求，则可以直接由现有股东以公司资产发起设立；如果现有股东不足或现有股东有不愿意参加本次发起设立的，则应引入新的股东作为发起人，由现有股东向其转让部分股权，对公司股权结构进行改组，然后由改组后的股东以公司资共同发起设立股份有限公司。但有一个要注意的问题是，股东的变更要满足申请发行前最近三年内实际控制人不发生变化的要求。有的公司在改制前已经联系好合适的发起人，也可能借机引入战略投资者或风险投资者，以及具有行业背景或专业技术背景的投资者，以壮大企业的综合实力。

（三）聘请中介机构

筹备小组成立后可联系和聘请中介机构，包括保荐机构、发行人律师、审计师、资产评估师等机构。被选择的中介机构应具备从业资格，筹备小组在经过慎重考察后，应当确定本次改制上市的各中介机构人选，并与之签署委托协议或相关合同，正式建立法律关系。

（四）尽职调查、资产评估与审计

在公司与各中介机构签署委托协议后，各机构应根据情况进场工作，分别对公司的有关情况进行调查和审计。推荐机构应对公司整体情况尤其是商务经营情况进行全面的调查，并在调查基础上起草公开转让说明书。律师应对公司的法律事宜进行全面调查，并起草法律意见书。会计师对公司近两年的财务状况进行审计，形成审计报告；资产评估师对公司的资产状况进行评估，形成资产评估报告。

（五）产权界定

公司筹备过程中，为了准确确定公司资产，区分其他主体的资产，有时要进行财产清查。在清查基础上对财产所有权进行甄别和确认。尤其是占有国有资产的公司，应当在改制前对国有资产进行评估，避免国有资产受到损害。

（六）国有股权设置改制

公司涉及国有资产投入的，要对公司改制后国有股的设置问题向国有资产管理部门申请批准相关股权设置的文件，对国有资产作价及相应持股进行审批。通常在申报国有股权设置申请书的同时，还要求公司律师就国有股权设置出具法律意见书。

（七）制定改制方案，签署发起人协议和章程草案

改制方案涉及以下几个方面问题需要达成一致：

首先，股份公司注册资本的数额。应由各发起人共同商定净资产折股比例，确定注册资本的数额。

其次，各发起人的持股比例。原则上按照各发起人在原公司中的股权比例来确定，如有调整应在此阶段商定。签署发起人协议、公司章程草案。此外，公司改制中还应形成如下改制文件和文本：股东会关于公司改制的决议、改制申请书、改制可行性研究报告、发起人框架协议、公司章程及企业改制总体设计方案等。

（八）申请并办理设立报批手续

涉及国有股权的应向国有资产管理部门申请办理国有股权设置的批文；涉及国有土地出资还应由国有土地管理部门出具国有土地处置方案批复。

（九）注册成立股份有限公司

发起人首次缴纳出资后，应当选举董事会和监事会，由董事会向公司登记机关保送公司章程、由验资机构出具验资证明及其它文件，申请设立登记。以募集设立的，发行股份的股款幕足并经验资后，发起人应在30日内主持召开公司创立大会，审议公司设立费用和发起人用于抵作股款的财产的作价。

（十）产生公司董事会、监事会并召开第一次会议

创立大会结束后30日内，持相关文件申请设立登记。经工商登记机关核准后，颁发股份有限公司营业执照。股份公司正式宣告成立。

五、拟挂牌企业整体变更改制

（一）准备阶段

1. 准备拟改制挂牌企业的历史沿革资料，梳理企业的历史沿革

企业应在中介机构的指导下，安排专人准备以下与历史沿革相关的资料：到工商行政管理部门查询打印企业注册登记的全套资料，整理自企业成立以来历次股东会、董事会决议及会议记录；整理历次中介机构出具的审计报告、验资报告、评估报告；整理历次公司股权变更、登记变更时相关机构的批准文件（如有）；整理历届股东、董事、监事、高级管理人员简历等资料。企业及中介机构在此基础上梳理企业的历史沿革，分析企业设立、变更程序合规性及公司股东、董事、监事及高级管理人员任职的适格性。

企业及中介机构应将历次股权变更工商记录与审计报告、验资报告、评估报告（如有）及公司财务资料进行比较，询问财务人员，分析股东出资是否及时到位，出资方式是否符合有关法律、法规的规定。

2. 准备财务资料，进行清产核资，规范报告期会计核算

这一阶段的主要工作内容包括：

（1）企业会计人员应当整理企业报告期及期初的全部财务资料，整理企业出资、投资、长期资产购置、长期债务、并购重组等业务入账及后续会计核算的财务资料，包括会计报表、账簿、会计凭证、纳税报表及凭证等。

（2）企业会计人员应当盘点、清查公司财物，进行账实核对以及往来账项核对以及在盘点、核对的基础上，企业应对盘盈盘亏、废旧毁损财物、坏账等进行财务处理，追回企业被违规占用的资金、资产。

（3）企业会计人员与中介机构财务人员共同分析报告期内企业财务

基础是否健全，期初数据是否真实，报告期会计处理是否规范，会计资料是否完整。如果存在因会计基础薄弱（如账表不符、账证不符、账实不符、多套账等）导致财务数据失实的情形，企业应当考虑进行账务整改，形成一套以原始凭证为依据，符合会计准则的财务资料。

（4）企业会计人员应当整理企业对外投资的财务资料，梳理对外投资关系，协调整理纳入合并报表范围子公司的财务资料。纳入合并报表子公司的财务规范要求适用拟挂牌母公司的标准。

（5）企业会计人员在中介机构的指导下，梳理企业报告期关联方、关联关系以及存在的关联交易，分析关联交易的决策程序的规范性、存在的必要性及交易价格的公允性。

（6）企业会计人员应协调企业业务人员整理公司报告期内的重大合同，初步分析合同的执行情况，并综合研发支出、生产能力、偿债能力等因素，分析企业的可持续经营能力。

3. 准备对外投资相关资料，梳理企业对外投资情况

企业相关工作人员应当整理对外投资的相关资料，如公司对外投资的决策文件、批复文件、登记备案文件，并结合财务资料梳理企业对外投资关系；协调子公司打印工商登记资料，梳理子公司的历史沿革，了解其设立、变更的规范性，出资的真实性等情况。

4. 整理拟改制挂牌企业关联方的相关资料，梳理关联方关系，分析企业是否存在同业竞争

企业应在律师的指导下，认定拟改制挂牌企业的关联方，整理关联方的相关资料，梳理出企业的关联方关系。关注企业控股股东、实际控制人及其控制的其他企业，通过询问相关人员、查阅营业执照、实地走访生产或销售部门等方式，了解公司控股股东、实际控制人及其控制的其他企业是否与拟改制挂牌企业构成同业竞争，了解同业竞争形成的原因、存在的必要性、对拟挂牌企业未来经营能力的影响，初步探讨避免同业竞争的可能方案。

5. 梳理企业业务流程，分析企业经营的合法性

企业应在律师的指导下梳理公司的业务类型及各类业务的流程，整

理企业各项业务资质，供、产、销环节应有的批文证照，产品认证证书，环保和消防的评估验收等资料（根据具体情况提供相应的资料），分析企业经营是否符合相关法律法规的要求。

6. 整理公司法务资料，分析相关主体是否存在重大违法违规行为

在律师的指导下，整理企业报告期内的诉讼资料、处罚资料，分析公司、实际控制人、控股股东、公司董事、监事、高级管理人员在最近24个月内是否存在重大违法违规行为。

7. 整理公司各项规章制度，分析公司内部控制制度的合理性、执行的有效性

8. 初步确定股份公司董事、监事、高级管理人员的设置及人选

控股股东、实际控制人应与董事、监事、高管沟通，初步确定股份公司董事、监事、高级管理人员的设置及人选，准备这些人员的简历资料。

9. 中介机构初步调查，拟定改制方案

主办券商牵头各中介机构对以上内容及资料进行初步调查，汇总拟改制挂牌企业存在的问题，并与控股股东、实际控制人、高级管理人员讨论，拟定公司存在问题的解决方案，拟定公司业务调整，股权、资产调整方案，在此基础上形成改制挂牌整体方案和工作时间表，初步确定改制基准日。

10. 落实改制方案，协同做好改制前规范工作

主办券商牵头，各中介机构协同拟挂牌企业落实改制挂牌方案，逐项解决初步调查汇总的问题及由此引发的新问题，总体把握改制挂牌方案落实的质量和时间进度，判断是否符合挂牌的基本要求。

（二）操作阶段主要工作

拟挂牌企业经过改制准备阶段的工作，历史遗留问题经规范符合企业在全国股份转让系统挂牌的条件，已经具备实现改制目标的基础时，才可以进行改制操作阶段的工作。改制操作阶段的工作主要包括：

1. 召开董事会，决议进行股份制改造，确定股份制改造的基准日，确定审计、评估（如需）、验资等中介机构；

2. 到有限公司登记的工商行政管理部门办理拟成立股份公司名称预核准手续，该名称预核准有效期为六个月；

3. 企业完成以改制基准日为会计报表日的会计核算、封账工作；

4. 会计师事务所、评估机构（如需）到企业现场进行改制审计、资产评估（如需）工作；

5. 会计师事务所出具审计报告初稿，与企业、主办券商、律师事务所、评估事务所（如需）进行沟通后，出具正式审计报告；

6. 评估机构对企业改制基准日经审计的净资产进行评估，出具评估报告初稿，与企业、主办券商、会计师事务所、律师事务所进行沟通后，出具正式资产评估报告（如需）；

7. 有限公司召开股东会，审议审计报告、评估报告（如有），就公司改制事宜作出决议；

8. 公司在律师的指导下，准备股份公司发起人协议书、股份公司章程、股东大会议事规则、董事会议事规则、监事会议事规则等资料，指导公司发出召开股东大会通知，准备申办工商变更登记的相关文件；

9. 股份公司发起人签订股份公司发起人协议书，确定各发起人的股权比例，设立股份公司筹备委员会，或指定专人负责筹备事宜，发出召开股份公司创立大会暨第一次股东大会的通知；

10. 召开职工代表大会选举职工监事；

11. 会计师事务所进行验资并出具改制的验资报告（如需要）；

12. 召开创立大会暨第一次股东大会，创立大会应有代表股份总数过半数的发起人出席。创立大会通常行使下列职权：审议发起人关于公司筹办情况的报告；通过公司章程；选举董事会成员（5~19人）；选举监事会成员（3名以上，职工监事须占1/3以上）；对公司的设立费用进行审核；对发起人用于抵作股款的财产的作价进行审核；发生不可抗力或者经营条件发生重大变化直接影响公司设立的，可以作出不设立公司的决议。第一次股东大会一般也将审议通过股东大会议事规则、董事会议事规则、监事会议事规则、对外投资制度、对外担保制度、关联交易制度等；

13. 股份公司董事会召开第一届董事会第一次会议，选举董事长，聘任经理、财务负责人、董事会秘书等高级管理人员，审议公司各项内控制度（如有）；

14. 股份公司监事会召开第一届监事会第一次会议，选举监事会主席；

15. 新成立的股份有限公司董事会委派人员向工商行政管理部门提交变更为股份有限公司的申报资料；

16. 工商行政管理部门依法变更登记，换发股份公司企业法人营业执照。

（三）拟挂牌企业整体变更改制收尾阶段的主要工作

1. 制作股份公司公章，变更相关证照、账户名称，办理相关资产和资质过户手续

公司应制作股份公司公章，去税务机关、开户银行、社保机构、质监局、海关（如需）、外管局（如需）等单位将原有限公司名下的所有证照、账户名称变更至股份公司名下，包括：组织机构代码证、税务登记证、银行开户许可证、银行贷款证（如有）、社保基本户等。

公司属于特殊行业的，需办理相关的行业许可证名称变更手续，如特许经营权证书、生产型企业的生产许可证、进出口企业的对外贸易经营资格备案表、海关报关注册登记证、检验检疫备案证书、外商投资企业批准证书（外资企业）等。

原有限公司名下所有登记公示的资产（如土地、房产、车辆、知识产权）及资质证书，应及时更名过户至股份公司名下。

2. 通知客户、供应商、债权债务人等利益相关人公司改制更名事宜

公司取得股份公司企业法人营业执照后，应及时将公司改制更名事宜告知客户、供应商、债权债务人等利益相关人，以便公司对外账务往来、订立合同、收开发票等业务往来顺利进行。

3. 制定、修改企业内部规章制度，完善公司治理和内部控制

股份公司应在中介机构的指导下，制定、修改公司各项规章制度，完善公司内部控制。制定、完善公司治理的配套规则，健全公司财务管

理，做到业务、资产、人员、财务、机构独立完整。

六、拟挂牌企业整体变更改制工作中各中介机构的职责

企业改制的中介机构包括证券公司、会计师事务所、律师事务所和资产评估机构（如需）等，各中介机构职责不一。

（一）主办券商

主办券商主要负责挂牌公司的改制、挂牌公司的规范、申请材料的制作与内核、挂牌申请及后续的持续督导等工作，具体工作如下：

1. 按照国家相关法律、法规规定协助企业进行股份制改制、成立股份有限公司，具体工作包括：

（1）对企业进行尽职调查；

（2）协助企业以及会计师事务所、律师事务所等中介机构制订改制的整体方案并进行法律、财务等方面的可行性研究；

（3）组织股份制改制工作小组；

（4）调查企业的资产状况和财务状况，对企业资产状况和财务状况中与改制要求不相符合的部分向企业提出整改的意见或建议，并协助企业以及会计师事务所解决有关财务问题；

（5）协助企业以及律师事务所解决在企业改制过程中的法律问题；

（6）编制企业股份制改制的工作时间表；

（7）协助企业及律师事务所制作、编制有关企业改制设立股份有限公司的申请文件；

（8）协助企业与政府有关主管部门沟通协调以取得股份制改制的所有批准；

（9）协助企业召开创立大会和第一届董事会第一次会议；

（10）协助企业完成有关设立股份有限公司的其他工作。

2. 对企业改制后设立的股份有限公司进行新三板挂牌前的辅导工作；

3. 按新三板挂牌的相关规定对股份有限公司进行尽职调查，对发现的问题提出解决办法并协助企业落实相关措施；

4. 协调、安排中介机构进场进行相关工作，并使其按时制作挂牌申报材料；

5. 协助企业与相关的主管部门沟通，推进企业资本运作，顺利开展挂牌工作；

6. 负责制作企业进行新三板挂牌申请所需材料，并为与之相关联的工作提供参考意见；

7. 企业申请新三板挂牌材料的内核；

8. 向全国中小企业股份转让系统递交挂牌申请的相关材料，并进行及时的反馈；

9. 企业挂牌之后，主办券商应持续督导所推荐挂牌公司诚实守信、规范履行信息披露义务、完善公司治理机制。

（二）会计师事务所

企业申请新三板挂牌，须聘请具有证券从业资格的会计师事务所承担有关审计和验资等工作。主要工作如下：

1. 负责企业改制的审计，并出具审计报告；

2. 负责企业资本验证，并出具有关验资报告；

3. 负责企业财务报表的审计，并出具两年及一期的审计报告；

4. 对发行人原始财务报表与申报财务报表的差异情况出具专项意见；

5. 提供与新三板挂牌有关的财务会计咨询服务。

（三）律师事务所

企业申请新三板挂牌，必须依法聘请律师事务所担任法律顾问，其主要工作如下：

1. 对挂牌企业改制重组方案的合法性进行论证；

2. 指导挂牌企业股份公司的设立或变更；

3. 对企业挂牌过程中涉及的法律事项进行审查并协助企业规范、调整和完善；

4. 对企业主体的历史沿革、股权结构、资产、组织机构运作、独立性、税务等公司法律事项的合法性进行判断；

5. 对企业挂牌过程中的各种法律文件的合法性进行判断；

6. 协助和指导企业起草公司章程等公司法律文件；

7. 出具法律意见书等挂牌所需要的文件；

8. 对有关申请挂牌文件提供鉴证意见。

（四）资产评估机构

企业股改的过程中必须要有证券资质的评估机构。资产评估机构的职责包括，对企业以股改基准日的账面净资产值整体折股出资进行评估，出具评估报告。

七、改制时增资

整体变更股份制改造方式下，公司应以经审计的账面净资产值整体折股作为股份公司发起人股东的出资，并且经评估的净资产值不应低于审计的净资产值。

公司经审计的净资产值应按照一定的比例折合成股份公司股份，折股比例不能低于1∶1（即折股时每股净资产不能低于1元），差额部分计入资本公积。折股数量和折股比例应根据企业的规模和股东的要求制定。

公司在改制的同时进行增资操作，或者以评估的净资产值进行评估调账作为股改的出资额的，公司连续经营时间将中断，视同新设股份公司，重新计算经营期。

§ 第二节　资产帐务调整 §

资产是指由企业过去经营交易或各项事项形成的、由企业拥有或控制的、预期会给企业带来经济利益的资源。

资产是会计最基本的要素之一，与负债、所有者权益共同构成的会计等式，成为财务会计的基础。

在会计恒等式中：资产 = 负债 + 所有者权益。

一、资产主要特征

（一）资产预期会给企业带来经济利益

指资产直接或间接导致资金或现金等价物流入企业的潜力。这种潜力可以来自企业日常的生产经营活动，也可以是非日常活动。带来的经济利益可以是现金或者现金等价物，或者是可以转化为现金或者现金等价物的形式，或者是减少现金或现金等价物流出的形式。

如果某一项目预期不能给企业带来经济利益，就不能将其确认为企业的资产，前期已经确认为资产的项目，如果不能再为企业带来经济利益，也不能再将其确认为企业的资产。

（二）资产应为企业拥有或者控制的资源

资产作为一项资源，应为企业拥有或者控制，具体是指企业享有某项资源的所有权，或者虽然不享有某项资源的所有权，但该资源能被企业控制。

通常在判断资产是否在时，所有权是考虑的首要因素，但在有些情况下，虽然某些资产不为企业所拥有，即企业并不享用其所有权，但企业控制这些资产，同样表明企业能够从这些资产中获取经济利益。

（三）资产是由企业过去的交易或者事项形成的

只有过去的交易或事项才能产生资产，企业预期在未来发生的交易或者事项不形成资产。

资产应当由企业过去的交易或者事项所形成，过去的交易或者事项包括购买、生产、建造行为或者其他交易或者事项，只有过去的交易或者事项才能产生资产，企业预期在未来发生的交易或者事项不形成资产。例如，企业有购买某项存货的意愿或者计划，但是购买行为尚未发生，就不符合资产的定义，不能因此而确认存货资产。

（四）资产必须能够用货币来计量

二、资产的分类

按照不同的标准，资产可以分为不同的类别。按耗用期限的长短，可分为流动资产和长期资产；根据具体形态，长期资产还可以做进一步的分类；按是否有实体形态，可分为有形资产和无形资产。中国会计实务中，综合这几种分类标准，将资产分为流动资产、长期投资、固定资产、无形资产、递延资产等类别。流动资产包括货币资金、其他应收款、应收账款、预付账款、存货等。

三、资产的调整

（一）货币资金

比如公司外部账面体现银行账户和内部账体现银行账户数量不符，内账多开具的银行账户为企业处理账外收入支出及无正规票据业务的银行账户。建议向银行索取企业开户情况表（贷款卡记录），核对银行账户开立情况，并由会计牵头与出纳员对公司近年开具的所有银行账户进行逐项核对，调整账务处理错误及账务处理不及时的业务，确保银行存款做到账表、账实、账目与银行对账单相符。

券商关注点：

关注企业货币资金余额是否异常偏高或者偏低，货币资金中是否有外币和其他货币资金，其他货币资金是否有不能随时用于变现（例如被冻结的资金），如有编制现金流量表时是否剔除，进而关注货币资金的余额，期初期末变动情况与现金流量表中相关项目是否一致。

（二）其他应收账款

外部账面和内部账面其他应收款不符。一般要求公司财务人员以公司外部账目为基础进行调整，还原公司真实的其他应收款。对于个人借款部分，需要在正式审计之前全部处理完毕。对于民间借贷资金利息部分，索取正规发票，进行销账处理。对于财政补贴收入符合规定的部分结转至营业外收入。对于企业银行贷款倒账部分，由财务人员与各往来单位逐笔核算，调整还原至真实的往来余额。

券商关注点：

关注应收账款是否按要求分类列示、按账龄列示，坏账准备计提是否充分，是否与会计政策一致；应收账款账龄勾稽关系是否正确。

关注其他应收款各期前五名披露情况，是否披露发生的性质和原因；其他应收款中是否包含应收关联方款项。重点关注其他应收款中应收关联方款项，是否存在股东、关联方占用公司资金情况；结合其他应收款的期末余额核查其发生额、现金流量情况，是否存在大额、频繁的资金往来及其发生的原因与合理性。

关注应收账款、其他应收款中账龄较长的对应方是否存在，可从企业信用信息系统逐一排查。

（三）应收帐款

公司外部账面和内部账面应收账款不符。比如公司应收账款部分存在坏账并未计提减值准备，同时部分应收账款实际已经回款，而公司账面没有进行销账处理。建议由公司财务人员对应收账款明细进行逐项梳理，对已回款部分进行销账处理，对已确认的坏账进行核销或计提坏账准备。同时要求公司对应收账款、其他应收款制定相关会计政策，合理确定坏账准备的计提方法。

券商关注点：

关注应收账款是否按会计政策分类列示、按账龄列示，坏账准备计提是否充分，计算复核各期计提金额是否与会计政策一致；应收账款账龄勾稽关系是否正确（例如本期末3~4年的应收账款是否高于上期末2~3年的应收账款）。

关注应收账款各期前五名披露情况，应收账款前五名是否与公司前五大客户情况矛盾，是否与公司披露的重大业务合同矛盾；应收账款中是否包含应收关联方款项。

关注应收账款与收入事项情况的配比关系，应收账款周转率是否存在异常波动；应收账款与现金流量表中对应项目的匹配关系。

关注应收账款、其他应收款中账龄较长的对应方是否存在，是否合理，是否存在关联方非关联化情况（应收账款各期前五名至少要纳入企业信用信息系统逐一排查，核查是否存在潜在关联方，核查对应交易的真实性，例如某拟挂牌公司的客户，2013 年成立，注册资本 10 万，2014 年从拟挂牌公司购买了 2000 多万的存货，其真实性存在重大疑虑）。

（四）预付账款

公司外部账面预付账款余额和内部账面体现预付账款余额不符。预付账款账面未进行明细项目核算，无相关合同等补充资料，无法明确款项明细，无法分析账龄及确认各项预付账款债务人的真实性。建议对年预付账款项目进行明细核算，调整以前年度的预付账款。同时要求企业确认是否存在银行贷款套现业务。

券商关注点：

关注预付账款列示情况，是否按照账龄列示，是否披露前五名情况；预付前五名是否与公司前五大客户情况、重大业务合同情况矛盾；预付账款中是否包含应收关联方款项。

重点关注账龄超过一年的预付账款，是否披露到期未结算原因等情况。对于各期末预付账款前五名、账龄较长的大额预付账款，均纳入企业信用信息系统逐一排查。

（五）存货

涉及的问题一般包括公司无存货定期盘点制度，实物管理与账面是否吻合存在不确定性；公司财务核算未制定存货减值的计提方面的规定，部分已存在减值的情况但未计提跌价准备；存在体外循环的存货。建议对公司的存货进行全面的盘点清查，已经盘点情况调整账目存货，切实做到账实相符；制定存货减值的核算办法，对存货计提存货跌价准备；对体外循环的存货纳入账内核算；建立健全存货收、发计价和存货实物流转制度，完善存货的核算。

券商关注点：

关注存货是否分类列示，列示金额是否存在异常波动，存货余额与公司业务模式是否匹配，与收入情况是否匹配，存货周转率是否存在异常波动。

关注存货增减变动情况与报告期内采购情况、前五大供应商情况、现金流量情况是否匹配（重点关注，极易出错），重新编制成本倒扎表，核查存货采购和成本列示是否准确。

关注公司所处行业或客户需求是否面临重大不利变化，是否导致公司存货出现减值迹象（例如化工、棉种、IC 卡等行业的行业政策和客户需求均有重大不利变化，对应存货减值计提是否充分）。

（六）固定资产

公司外部账目固定资产余额与内部账目固定资产余额不符。公司无固定资产定期盘点制度，实物管理与账面不吻合，存在盘亏资产未处理的情况；公司财务核算未制定固定资产减值的计提方面的规定，部分已存在减值的情况但未计提减值准备；存在白条购入体外循环的固定资产；对固定资产未建立固定资产台账或固定资产卡片账，导致资产实物无法与财务账面对应。建议对公司的固定资产进行全面的盘点清查，切实做到账实相符；制定固定资产减值的核算办法，对固定资产计提减值准备；对体外循环的固定资产进行评估入账内处理；要求公司减值固定资产台账或固定资产卡片账，便于企业进行实物管理。

券商关注点：

固定资产是否分类列示，固定资产及折旧在报告期内的增减变动情况，固定资产折旧计提金额是否合理、正确。

关注固定资产与公开转让说明书、法律意见书中披露的固定资产类别、金额、成新率等数据是否一致。

关注固定资产与在建工程、现金流量表相关项目的勾稽关系（如在建工程减少数与固定资产对应项目增加数是否一致），并重点关注存在抵押、担保的固定资产是否披露完整，是否存在闲置或者持有待售的固定资产。

对照固定资产期末余额和增减变动，核查固定资产对应的采购合同施工合同、发票、结算书、归集和分配表，核查是否存在费用资本化情况；结合公司经营计划分析大额固定资产增加的合理性（例如，某种子企业在现金流短缺、市场需求发生重大不利变化的情况下，固定资产报告期内大额异常增加）。

（七）待处理财产损益

对形成的原因及形成的时间无法落实清楚的，建议将该部分待处理财产损益结转至营业外支出处理。

（八）生物资产

券商结合企业内部控制情况，核查与生物资产核算相关的原始单据（特别是第三方单据如合同、发票、运输单、银行流水等）是否齐全，重点关注企业是否存在现金收付款。结合公司土地租赁合同、单位面积产能产量，并实地查看企业生物资产是否真实存在、是否高估；获取企业生物资产成本归集和分配表，复核其计算是否准确。对企业生产人员或者合作农户进行现场走访或者访谈，核查企业生物资产的真实性和收入的真实性。

扩大生物资产销售和客户的核查范围，获取会计师应收款项询证函回函率、函证比例，获取项目组的相关底稿计算复核。

案例

某企业报告期内生物资产大幅增加，但是对应土地租赁合同面积并无重大变化，企业也不让现场盘点，风险太高不予承接。

案例

某水果种植企业报告期内的第一大客户均为某房地产公司，销售金额畸高，该房地产公司报告期内并无新开发或者新开盘楼盘，其销售真实性和合理性无法解释，风险太高不予承接。

（九）长期股权投资

券商结合企业和被投资企业历次出资、股权转让、股东资金来源情况，核查是否投资企业和被投资企业属于同一控制，所持股权比例、委派董事和高管人员情况，依据实质重于形式原则，确认企业长期股权投资后续核算选择成本法/权益法是否合理。

除关注长期股权投资核算外，重点关注企业股权结构是否存在特殊利益安排，是否涉嫌利益输送。

案例

A 公司与 B 公司投资设立 C 公司，A 和 B 分别持股 60% 和 40%，C 生产的产品全部向 B 销售，这种股权结构最终因特殊利益安排被劝退。

四、资产的常见问题与解决方法

（一）资产的入账价值与后续核算

（1）对部分资产变更历史成本计价原则，比如企业对增值较大的土地使用权、房产进行评估，以评估价值重新入账；

（2）对存在减值的资产未按会计准则充分计提减值准备，导致列报的资产账面价值失实；

（3）对长期资产的减值准备进行回转处理。

规范的思路与方法：

（1）企业资产应当遵循历史成本计价原则进行核算，按历史成本计提折旧或摊销，对于企业在历史上存在评估增值重新记账的，应视同重大会计差错进行追溯调整；

（2）对于未在资产负债表日对资产的减值情况进行检查，计提减值资准备的企业，应当在股份制改造基准日进行资产减值测试，考虑计提减值准备，以免出现资产账面价值与评估报告存在重大差异的情形；

（3）对计提了减值准备的长期资产的价值回升后进行了减值准备转回会计处理的，应作为会计差错进行调整。

（二）资产的法律手续存在瑕疵

（1）资产的法律手续存在瑕疵，如建设在租用的集体土地上的房产无法取得土地使用权证书和房屋产权证书；

（2）购置的机器设备未取得发票；

（3）应当登记公示的资产尚未完成过户手续。

规范的思路与方法：

法律手续存在瑕疵的资产应当审慎运用实质重于形式的原则来判断该资产的确认和入账时间。

（1）在租用的集体土地上建设的房产，应当综合分析存在的法律风险，被认定为违章建筑强制拆除风险较低的，应当确认为企业的资产，并合理估计可使用的年限进行摊销；

（2）交易取得的资产，经济交易包含的主要行为已完成（如款项已支付，资产转移交割，并为企业实际控制或使用），仅剩法律手续尚未办理完毕的，应当确认为公司资产并进行折旧摊销；

（3）企业事实上存在该类资产但未进行会计核算的，应作为会计差错进行调整，将该类资产纳入公司的资产核算。

五、案例分析

案例

英发公司从事工程机械的生产和销售，是增值税一般纳税人，适用的增值税税率为17%。改制中券商审查2014的账务账簿，发现如下问题：

1. 财务报表中预收账款为负值12000元，经审计，调整至表中应收账款120000元

2. 券商审计发现金税卡4500元被计入其他货币资金

借：其他应收款　　　　　　4500

贷：其他货币资金　　　　　4500

3 有一笔应收账款60000元实际为股东李某个人占用，向其追讨

借：其他应收款－李某　　　　60000

贷：应收账款　　　　　　　60000

4. 当期补提坏账准备6000元

借：资产减值损失－计提的坏账准备　　　6000

贷：坏账准备　　　　　　　　　　　　6000

5. 发现公司将土地使用权350000元计入固定资产

借：无形资产　　　　　　　　　　350000

贷：固定资产　　　　　　　　　　350000

借：无形资产摊销　　　　　　　　35000

贷：累计折旧　　　　　　　　　　35000

6. 根据董事会的决议，英发公司于2014年12月3日与黄河公司（非关联公司）签订一项不可撤销的旧设备转让协议，约定于2015年6月向黄河公司交付一台旧设备，转让价格为300万元。该设备账面原值为450万元，截至2014年12月31日已累计计提折旧200万元，未计提减值准备。A公司预计交付该设备还将发生运杂费等处置费用10万元，A公司于2014年12月31日将该设备账面价值调整至290万元（调增固定资产账面价值并计入资本公积），并自该日起不再计提折旧。

券商认为英发公司会计处理不正确。理由：英发公司将该固定资产划分为持有待售后，应按照公允价值减去处置费用净额和原账面价值两者孰低计量。由于相关持有待售固定资产的公允价值减去处置费用后净额为290万元（300~10），原账面价值为250万元（450~200）。因此，应将持有待售固定资产的余额还原为原账面价值。

更正分录：

借：资本公积　　　　　　　　　　400000

贷：固定资产　　　　　　　　　　400000

§ 第三节　负债账务调整 §

负债，是指企业过去的交易或者事项形成的、预期会导致经济利益流出企业的现时义务。负债实质上是企业在一定时期之后必须偿还的经济债务，其偿还期或具体金额在它们发生或成立之时就已由合同、法规所规定与制约，是企业必须履行的一种义务。国际会计准则委员会的定义为：负债是指企业过去的交易或事项形成的、预期会导致经济利益流出企业的现时义务。我国《企业会计准则》的定义为：负债是企业所承担的能以货币计量、需以资产或劳务偿还的债务。

一、负债的特征：

1. 负债是企业承担的现时义务；
2. 负债的清偿预期会导致经济利益流出企业；
3. 负债是由过去的交易或事项形成的。

二、负债分类：

负债一般按其偿还速度或偿还时间的长短划分为流动负债和长期负债两类：

1. 流动负债，是指将在一年或超过一年的一个营业周期内偿还的债务，主要包括短期借款、应付票据、应付账款、预收货款、应付工资、应交税金、应付利润、其他应付款、预提费用等。

2. 长期负债，是指偿还期在一年或超过一年的一个营业周期以上的债务，包括长期借款、应付债券、长期应付款等。

三、负债的调整

1. 短期借款

短期借款内外账不符；企业外部账面短期借款余额中不包含企业民间借贷的款项。建议要求企业到银行打印企业贷款卡记录，按照企业贷款卡的实际情况，以外部账面数为基础，将企业的短期借款调整为实际的短期借款；将企业民间借贷的款项，已经实际调整纳入账内核算。

券商关注：

短期借款余额与公司经营规模是否匹配（进而核查是否存在内外

帐），关注短期借款账龄划分是否准确（对照现金流量表），是否需要重分类，关注短期借款中担保、抵押、保证情况，是否存在互保、联保等情况，进而核查关联方及关联交易是否披露完整。

2. 应付账款

券商关注：

关注应付账款账龄列示是否准确，勾稽关系是否合理。

关注应付账款各期前五名披露情况，应付账款前五名是否与公司前五大供应商情况矛盾；应收账款中是否包含应收关联方款项。

关注应付账款与成本事项、存货情况的配比关系，应付账款与现金流量表中对应项目的匹配关系。

3. 预收账款

券商关注：

重点关注预收账款账龄列示是否准确，勾稽关系是否合理。

关注预收账款各期前五名披露情况，预收账款前五名是否与公司前五大供应商情况矛盾；预收账款中是否包含应收关联方款项。

关注预收账款与成本事项、存货情况的配比关系，预收账款与现金流量表中对应项目的匹配关系。

重点关注账龄超过一年的预收账款，分析其到期未结算的原因。

4. 应付职工薪酬

券商关注：

对比应付职工薪酬增减变动情况，并与管理费用、销售费用明细表中工资情况、说明书和法律意见书中人员结构情况进行比对，计算平均工资，与当地平均水平比对，分析其合理性；

对比应付职工薪酬增减变动情况与现金流量表中相关项目勾稽关系；应付职工薪酬增减变动与收入增减变动的关系是否合理。

分析应付职工薪酬中各科目增减变动情况，判断公司是否为员工缴纳社保等。

5. 应交税费

券商关注：

关注应交税费是否与销售、采购情况相匹配，各项税费的期末余额是否合理。

6. 其他应付款

券商关注：

重点关注期末余额合理性，披露完整性（是否披露发生的性质和原因，前五名情况及其占比情况，占比计算是否准确等）；对照发生额核查是否存在大额、异常的资金往来；核查是否存在关联往来非关联化、是否存在使用股东、员工或关联方账户资金收款情况，分析公司对关联方和非关联方资金是否存在重大依赖。

重点关注其他应付款中应付关联方款项，发生额是否频繁、异常。

四、负债的常见问题及解决方案

案例

券商审计中发现

1. 公司股东张某代垫款100000元计入应付账款

借：应付账款　　　　　　　　100000

贷：其他应付款－张某　　　　100000

2. 预付账款年末为负数20000元，重分类资产负债表应付账款增加20000元。

3. 公司漏计提社保费30000元

借：管理费用　　　　　　　　　　30000

贷：应付职工薪酬－社会保险费　　30000

4. 2014年12月2日，公司对现有生产线进行整合，决定从2015年1月1日起，将以职工自愿方式，辞退其原某生产车间的职工，并向每人支付15万元的补偿。辞退计划已与职工沟通，达成一致意见，并于当年12月25日经董事会正式批准。该辞退计划将于2015年内实施完毕。公司按照或有事项有关计算最佳估计数的方法，预计补偿总额为200万，公司对该事项的处理是：

借：制造费用 2000000

贷：预计负债 2000000

期末，该制造费用已经分摊结转入完工产品成本。

券商认为：辞退福利应该通过“应付职工薪酬”科目核算，并且无论辞退的是哪个部门的员工，都应该计入管理费用。

调整分录：

借：管理费用 2000000

预计负债 2000000

贷：库存商品 2000000

应付职工薪酬—辞退福利 2000000

§第四节 所有者权益账务调整§

所有者权益是指企业资产扣除负债后由所有者享有的剩余权益。包括实收资本（或股本）、资本公积、盈余公积和未分配利润。在股份制企业又称为股东权益。所有者权益是企业投资人对企业净资产的所有权。它受总资产和总负债变动的影响而发生增减变动。所有者权益包含所有者以其出资额的比例分享企业利润。与此同时，所有者也必须以其出资额承担企业的经营风险。所有者权益还意味着所有者有法定的管理企业和委托他人管理企业的权利。

一、所有者权益与债权人权益对比介绍

1. 所有者权益在企业经营期内可供企业长期、持续地使用，企业不必向投资人返还资本金。而负债则须按期返还给债权人，成为企业的负担。

2. 企业所有人凭其对企业投入的资本，享受税后分配利润的权利。

所有者权益是企业分配税后净利润的主要依据，而债权人除按规定取得利息外，无权分配企业的盈利。

3. 企业所有人有权行使企业的经营管理权，或者授权管理人员行使经营管理权。但债权人并没有经营管理权。

4. 企业的所有者对企业的债务和亏损负有无限的责任或有限的责任，而债权人对企业的其他债务不发生关系，一般也不承担企业的亏损。

二、所有者权益分类

所有者权益按其经济内容，分为实收资本、资本公积、盈余公积、未分配利润四类。

（一）实收资本

实收资本，是指投资者作为资本投入企业的各种财产，是企业注册登记的法定资本总额的来源，它表明所有者对企业的基本产权关系。实收资本的构成比例是企业据以向投资者进行利润或股利分配的主要依据。《企业法人登记管理条例》规定：除国家另有规定外，企业的实收资本应当与注册资本一致。企业实收资本比原注册资本数额增减超过20%时，应持资金使用证明或验资证明，向原登记主管机关申请变更登记。

在不同类型的企业中，投入资本的表现形式有所不同。在股份有限公司，投入资本表现为实际发行股票的面值，也称为股本；在其他企业，投入资本表现为所有者在注册资本范围内的实际出资额，也称为实收资本。

投入资本按照所有者的性质不同，可以分为国家投入资本、法人投入资本、个人投入资本和外方投入资本。国家投入资本是指有权代表国家投资的政府部门或者机构以国有资产投入企业所形成的资本；法人投入资本是指我国具有法人资格的单位以其依法可以支配的资产投入企业所形成的资本；个人投入资本是指我国公民以其合法财产投入企业所形成的资本；外方投入资本是指外国投资者以及我国香港、澳门和台湾地区的投资者将资产投入企业所形成的资本。

投入资本按照投入资产的形式不同，可以分为货币投资、实物投资和无形资产投资。

股份有限公司投入资本均通过“股本”科目核算。企业按照章程的规定，投资者投入企业的资本记入“股本”科目的贷方。

企业收到投资者投入的资金，超过其在注册资本所占的份额的部分，作为资本溢价或股本溢价，在“资本公积”科目中核算，不记入本科目。

（二）资本公积

资本公积是指归所有者所共有的、非营业利润所增加的的净资产，主要包括接受捐赠、法定财产重估增值、资本汇率折算差额和资本溢价所得的各种财产物资。接受捐赠是指企业因接受其他部门或个人的现金或实物等捐赠而增加的资本公积；法定财产重估增值是指企业因分立、合并、变更和投资时资产评估或者合同、协议约定的资产价值与原账面净值的差额；资本汇率折算差额是指企业收到外币投资时由于汇率变动而发生的汇兑差额；资本溢价是指投资人缴付的出资额超出其认缴资本金的差额，包括股份有限公司发行股票的溢价净收入及可转换债券转换为股本的溢价净收入等。

（三）盈余公积

盈余公积是指企业从税后净利润中提取的公积金。盈余公积按规定可用于弥补企业亏损，也可按法定程序转增资本金。法定公积金提取率为10%。

盈余公积是指企业从税后利润中提取形成的、存留于企业内部、具有特定用途的收益积累。盈余公积是包括法定盈余公积和任意盈余公积。法定盈余公积是指企业的比例从净利润中提取的盈余公积。任意盈余公积是指企业按照股东会或股东大会决议提取的盈余公积。企业提取的盈余公积经批准可用于弥补亏损、转增资本或发放现金股得或利润等。新《公司法》规定：法定盈余公积按照净利润10%提取，法定盈余公积累计额已达到注册资本的50%时可以不再提取。在计算法定盈余公积的基数时，不应包括企业年初未分配利润。

（四）未分配利润

未分配利润是本年度所实现的净利润经过利润分配后所剩余的利润，等待以后分配。如果未分配利润出现负数时，即表示年末的未弥补的亏损，应由以后年度的利润或盈余公积来弥补。

三、常见问题

（一）改制动用资本公积的问题

大部分情况下的改制，公司注册资本都会有所提高，由于动用盈余公积和未分配利润转增需要缴纳所得税，公司通常更愿意用资本公积转增股本。但需要注意的是，并非所有资本公积都能转增股本。

记入“资本公积”总帐所属以下明细帐的资本公积项目，是不能用于转增资本的，包括接受捐赠资产准备、资产评估增值准备、股权投资准备、被投资单位接受捐赠准备、被投资单位评估增值准备、被投资单位股权投资准备等。这些项目属于所有者权益中的准备项目，是未实现的资本公积，因此不能用于转增资本。

记入“资本公积”总帐所属的“资本（股本）溢价”“其他资本公积转入”和“外币资本折合差额”等明细账的资本公积项目，是所有者权益中的已实现的资本公积，可按规定程序审批后转增资本。其中“其他资本公积转入”项目，是指企业从前述各资本公积准备明细科目转入的已实现的各项准备的金额。

（二）改制时所得税缴纳问题

改制时，资本公积、盈余公积及未分配利润转增股本按以下情况区别纳税：

1．自然人股东

资本公积转增股本时不征收个人所得税；盈余公积及未分配利润转增股本时应当缴纳个人所得税，按“利息、股息、红利所得”项目，适用20%税率征收个人所得税。

2．法人股东

资本公积转增股本时不缴纳企业所得税；盈余公积及未分配利润转增股本虽然视同利润分配行为，但法人股东不需要缴纳企业所得税；但是如果法人股东适用的所得税率高于公司所适用的所得税率时，法人股东需要补缴所得税的差额部分。

四、案例分析

券商审计中发现英发集团年末未计提盈余公积16000元。

借：利润分配－提取法定盈余公积　　　16000

贷：盈余公积－法定盈余公积　　　16000

§ 第五节　收入费用类调整 §

收入是指企业在日常活动中所形成的、会导致所有者权益增加的非所有者投入资本的经济利益的总流入，包括销售商品收入、劳务收入、让渡资产使用权收入、利息收入、租金收入、股利收入等，但不包括为第三方或客户代收的款项。

一、收入是财务会计的一个基本要素

1. 收入从企业的日常活动中产生，而不是从偶发的交易或事项中产生；

2. 收入是与所有者投入资本无关的经济利益总流入；

3. 收入必然能导致企业所有者权益的增加；

4. 收入只包括本企业经济利益的流入，不包括为第三方或客户代收的款项。

二、收入的构成

1. 按照企业从事日常活动的性质，可以将收入分为销售商品收入、提供劳务收入、过渡资产使用权收入、建造合同收入等。

2. 按照企业从事日常活动在企业的重要性，可将收入分为主营业务收入、其他业务收入。

三、确认条件

企业收入的来源渠道多种多样，不同收入来源的特征有所不同，其收入确认条件也往往存在差别，如销售商品、提供劳务、让渡资产使用权等。一般而言，收入只有在经济利益很可能流入从而导致企业资产增加或者负债减少，且经济利益的流入额能够可靠计量时才能予以确认。收入的确认至少应当符合以下条件：一是与收入相关的经济利益应当很可能流入企业；二是经济利益流入企业的结果会导致资产的增加或者负债的减少；三是经济利益的流入额能够可靠计量。

四、收入的确认原则

1. 销售商品收入

（1）企业已将商品所有权上的主要风险和报酬转移给购货方

① 商品所有权上的风险和报酬；

② 商品所有权上的主要风险和报酬是否已转移的判断。

（2）企业既没有保留通常与所有权相联系的继续管理权，也没有对已售出的商品实施控制

（3）与交易相关的经济利益很可能流入企业

① 与交易相关的经济利益主要表现为销售商品的价款；

② 实务中，企业售出的商品符合合同或协议规定的要求，并已将发票账单交付买方，买方也承诺付款，即表明销售商品的价款能够收回；

③ 如企业判断价款不能收回，应提供可靠的证据。

（4）相关的收入和成本能够可靠地计量

① 收入能否可靠地计量，是确认收入的基本前提；

② 成本不能可靠计量，即使其他条件均已满足，相关的收入也不能确认。

2. 提供劳务收入

企业在资产负债表日提供劳务交易的结果能够可靠估计的，采用完工百分比法确认提供劳务收入。

（1）提供劳务交易结果能够可靠估计的条件

①收入的金额能够可靠地计量，是指提供劳务收入的总额能够合理的估计；

②相关的经济利益很可能流入企业，是指劳务收入总额收回的可能性大于不能收回的可能性；

③交易的完工进度能够可靠地确定，是指交易的完工进度能够合理地估计；

④交易中已发生和将发生的成本能够可靠地计量，是指交易中已经发生和将要发生的成本能够合理的估计。

（2）完工百分比的具体应用

完工百分比法，是指按照提供劳务交易的完工进度确认收入和费用的方法。

企业应当在资产负债日按照提供劳务收入总额乘以完工进度，扣除以前会计期间累计已确认提供劳务收入后的金额确认当期提劳务收入；同时，按照提供劳务估计总成本乘以完工进度，扣除以前会计期间累计已确认劳务成本后的金额结转当期劳务成本。公式如下：

本期确认的收入 = 劳务总收入 × 本期未止劳务的完工进度 - 以前期间已确认的收入

3. 让渡资产使用权收入

（1）让渡资产使用权收入同时满足下列条件的，才能予以确认：

①相关的经济利益很可能流入企业；

②收入的金额能够可靠地计量。

（2）让渡资产使用权收入的计量

①利息收入：主要是指金融企业对外垡形成的利息收入，以及同业

之间发生往来形成的利息收入，企业应在资产负债表日，按照他人使用本企业货币资金的时间和实际利率计算确定利息收入总额；

②使用费收入：主要是指企业转让无形资产（如商标权、专利权、专营权、软件、版权）等资产的使用权形成的使用费收入，应当按照有关合同或协议约定的收费时间和方法计算确定。

4. 其他业务收入

“其他业务收入”账户用于核算企业除主营业务收入以外的其他销售或其他业务的收入，如材料销售、代购代销、包装物出租等收入。在“其他业务收入”账户下，应按其他业务的种类，如“材料销售”“代购代销”“包装物出租”等设置明细账，进行明细核算。本账户期末应无余额。

5. 收入确认不符合会计准则的常见的问题

（1）收入确认违反权责发生制原则，如以收款或开具发票为依据确认收入；

（2）对符合收入确认条件的业务随意延迟确认收入，跨期确认收入进行收益调节；

（3）对收入确认依据不充分的业务确认为收入，如对发出商品确认为销售收入等；

（4）收入会计政策的使用不符合企业实际的业务特征，如对提供劳务的业务不采用完工百分比法确认收入，按里程碑或结算进度确认完工百分比等。

规范的思路与方法：

（1）对于以收款或开具发票为依据确认收入的，应当核实每笔业务是否符合收入确认的条件，逐笔进行会计差错调整；

（2）对于随意延迟确认收入，对不符合收入确认条件的业务确认收入的，应逐笔核实并进行会计差错调整；

（3）对于收入确认会计政策与企业业务不相符的，应重新选用会计政策，适用会计政策变更准则进行会计调整。

五、收入确认的案例分析

古城香业（830837）在挂牌过程中，股转系统提出反馈意见："河北古城香业集团股份有限公司（以下简称"公司"，下同）采取线上、经销、商超、外销四种销售模式。（1）请公司结合订单合同的主要条款，补充披露不同模式下收入确认的原则、时点、依据和方法；（2）请申报会计师核查公司报告期是否存在利用经销模式提前确认收入等情况发表明确意见。

主办券商和古城香业结合订单合同的主要条款，补充披露了不同模式下收入确认的原则、时点、依据和方法。

1. 线上销售模式下的销售流程与收入确认

（1）销售订单

线上客户在天猫商城选择商品后，下单并支付。

（2）销售出库

电子商务部根据客户需求安排发货的同时开具发货单，并通过物流发货给客户并开具出库单，客户收到商品后在网上进行确认。

（3）收入的确认

因网销商品存在七天内无理由退货的特殊性，财务在确认收到货款后根据发货单开具销售普通发票并确认收入。

2. 经销销售模式下的销售流程与收入确认

（1）合同签订、销售订单

业务部每年年初与代理商签订框架协议，年度内代理商需要货物时以电子邮件或传真的方式发出订单。

（2）销售出库

业务部根据订单查询库存情况，根据库存情况确认实际订单发给客户，业务助理在各代理商满足销售授信条件（款到发货、货到付款、短期赊销）后开具发货单，销售会计审核后，由储运部根据发货单安排物流发货，库管开具出库单，根据合同约定，客户收到货品验收后须确认收货清单并传回到公司。

（3）收入确认

财务部门在收到客户确认的收货清单后，根据发货单开具发票并确认收入。

3. 商超销售模式下的销售流程与收入确认

（1）合同签订、销售订单

业务部与各商超签订框架协议，年度内客户需要货物时从各商超的供应商系统下采购定单。

（2）销售出库

业务部根据订单查询库存情况，业务助理根据订单开具发货单，由相关人员审核后，由储运部根据发货单安排物流发货，库管开具出库单，客户在收到货物验收后出具验收单传到公司。

（3）收入确认

财务部门在收到客户的验收单后，根据发货单开具发票并确认收入。

4. 外销销售模式下的销售流程与收入确认

（1）销售订单

国外客户通过电子邮件或传真下达订单，外销部接到订单后给生产办下达要货单。

（2）安排生产、签订合同、组织发货

由生产办安排生产，生产完成后由外销部制作合同（成交确认书）发给客户确认，将双方签字确认后的合同、箱单和发货清单给报关行，安排定船或定舱，定舱后安排发货并开具出库单及报关，开船后获取提货单发给客户，客户凭提货单收取货物并验收。

（3）发票开具、收入确认

由于公司主要采用离岸价核算，所以财务在货物离岸出口后根据发货单开具发票并确认收入。

根据公司的销售与核算流程，主办券商和古城香业对不同授信条件下重要代理商客户销售流程的执行情况分别进行检查；对代理商销售收入确认的真实性和完整性进行了抽样检查，取得重要代理商合同、发货单、出库单、销售发票、客户收货确认单、银行转账凭证等样本与收入明细账进行核对；对重要代理商客户的交易和往来进行了函证；对重要代理商客户发出访谈提纲；对大额的银行流水明细与银行明细账进行核对。

主办券商和古城香业认为，公司销售模式中对代理商的销售流程按上述描述流程执行，未发现有违背上述流程的执行情况，公司收入的确认符合企业会计准则的规定。因此，公司报告期不存在利用经销模式提前确认收入的情况。

六、费用

我国《企业会计准则》中对费用的定义表述为：费用是企业生产经营过程中发生的各项耗费。企业直接为生产商品和提供劳务等发生的直接材料、直接人工、商品进价和其他直接费用，直接计入生产经营成本；企业为生产商品和提供劳务而发生的各项间接费用，应当按一定标准分配计入生产经营成本。企业行政管理部门为组织和管理生产经营活动而发生的管理费用和财务费用，为销售和提供劳务而发生的进货费用、销售费用等，应当作为期间费用，直接计入当期损益。

由此可以看出，费用仅仅指与商品或劳务的提供相联系的耗费，这是一种狭义的概念。而广义的费用包括各种费用和损失，如其他业务成本等。

费用，包括纳税人为生产、经营商品和提供劳务等所发生的销售（经营）费用、管理费用和财务费用。

在确认费用时，首先应当划分生产费用与非生产费用的界限。生产费用是指与企业日常生产经营活动有关的费用，如生产产品所发生的原材料费用、人工费用等；非生产费用是指不属于生产费用的费用，如用于购建固定资产所发生的费用，不属于生产费用。生产费用应当计入产品成本，而期间费用直接计入当期损益。期间费用是指不计入产品生产成本、直接计入发生当期损益的费用，包括管理费用、财务费用和销售费用。

企业一定期间所发生的不能直接归属于某个特定产品的生产成本费用，归属于制造费用，在发生时直接计入当期损益。

费用按经济用途进行分类，能够明确反映直接用于产品生产商的材料费用、工人工资以及耗用于组织和管理生产经营活动上的各项支出各是多少，从而有助于企业了解费用计划、定额、预算等的执行情况，控制成本支出，加强成本管理和成本分析。

其次，应当分清生产费用与产品成本的界限。生产费用与一定的期间相联系，而与生产的产品无关；产品成本与一定品种和数量的产品相联系，面不论发生在哪一期。

费用的确认除了应当符合定义外，也应当满足严格的条件，即费用只有在经济利益很可能流出从而导致企业资产减少或者负债增加，经济利益的流出额能够可靠计量时才能予以确认。

因此，费用的确认至少应当符合以下条件：一是与费用相关的经济利益应当很可能流出企业；二是经济利益流出企业的结果会导致资产的减少或者负债的增加；三是经济利益的流出额能够可靠计量。

为进一步明晰成本，在会计操作上需要进行成本的归集、分配与结转，在此操作中，常见问题有：

(1) 与收入相关的成本归集范围不清晰导致成本核算失真，比如：将期间费用（如管理人员薪酬、办公费用、销售费用等）归集到营业成本，便于做高成本少交流转税，将应当生产成本支出归集为研发支出便于抵扣企业所得税等；

(2) 成本支出未进行合理分配，导致各类产品收入的财务比率失真或不可比；

(3) 确认收入时未相应地结转成本。

成本归集与分配不清晰，是由于会计基础薄弱。企业应当梳理业务流程，规范成本核算。报告期内成本归集与分配不清晰的，应当依据重要性原则对重大的成本支出归集与分配进行差错调整；对未在确认收入的同时进行成本结转的，应当进行会计差错调整。

七、关于费用的案例分析

嘉宝华（430679）在挂牌过程中，股转系统提出，营业成本和期间费用各组成部分的归集是否合理，是否存在调节毛利率的情形。

负责推荐业务的会计师事务所按审计程序核查了公司的营业成本和期间费用归集情况。公司营业成本归集的是已销售商品的采购成本（按合同的约定为供应商送达公司配送中心的采购成本），期间费用归集的是经营、管理、融资活动发生的不能直接归入成本的当期开支，主要为经营管理人员的工资薪酬、福利、社保费用、物业租金、折旧与摊销、水电费用、办公费用、业务宣传费等。审计师核查测试时未发现将采购成本计入期间费用的情况。另外，从信息管理上分析，营业成本的确认与存货的进销存系统中单独管理，与采购进价直接相关，从公司毛利率变动情况分析，公司毛利率比较稳定，与行业的情况相符。

经核实，审计师认为营业成本和期间费用各组成部分的归集是合理的，不存在调节毛利率的情形。

成本管理是企业管理的一个重要组成部分，它要求系统而全面、科学和合理，它对于促进增产节支、加强经济核算，改进企业管理，提高企业整体管理水平具有重大意义。而成本管理的关键步骤就在于区分营业成本与期间费用，混淆两者概念将使企业毛利信息失实，也就使得投资者对于公司盈利水平的分析变得徒劳。

八、收入费用券商关注点

1. 营业收入

重点关注营业收入确认方法是否和公司业务模式一致，实现情况公司实际情况是否一致，是否存在提前或者滞后确认收入的情况，收入确认原则是否稳健；收入的波动情况与公司所处的行业环境等是否一致。

重点关注营业收入是否按产品、地区等分类列示，各产品各报告期的毛利率。是否存在重大异常波动情况。

是否披露前五大客户情况，前五大占比情况，是否存在对关联方的重大依赖，进而判断公司独立性，对前五大客户均纳入企业信息系统排查，核查其销售的真实性、合理性，是否存在关联交易非关联化和其他利益安排。

对于部分行业，可追查经销商或客户的产品最终销售或者消费情况，并分析其销售的真实性和合理性（可参见应收账款部分案例）。

重点关注收入与应收账款、存货、现金流量表相关项目匹配性。

2. 管理费用

是否披露报告期内明细情况，各项目变动情况是否合理，与其他报表项目是否匹配。

3. 销售费用

是否披露报告期内明细情况，各项目变动情况是否合理，与其他报表项目是否匹配。

案例

券商审查英发公司2014年度财务报表注意到下列事项：

1. 2014年12月20日，英发公司与长江公司签订产品销售合同。合同约定，英发公司向长江公司销售最近开发的C商品10件，总价（不含增值税）为100万元，增值税税额17万元；英发公司于合同签订之日起10日内将所售C商品交付长江公司，长江公司于收到C商品当日支付全部款项；长江公司有权于收到C商品之日起5个月内无条件退换C商品。2014年12月29日，英发公司将10件C商品交付长江公司并开出增值税专用发票，同时，收到长江公司支付的款项117万元。该批C商品的成本为80万元。由于C商品系初次销售，英发公司无法可靠估计退货的可能性。英发公司对上述交易或事项的会计处理为：

借：银行存款	1170000
贷：主营业务收入	1000000
应交税费—应交增值税（销项税额）	17000

借：主营业务成本　　　　　　　　800000

贷：库存商品　　　　　　　　　800000

券商认为公司会计处理不正确。

理由：附有销售退回条件的商品，如不能根据以往经验合理确定退回可能性，发出商品时风险和报酬为转移，不应确认收入和结转成本。

更正分录：

借：主营业务收入　　　　　　　　100

贷：预收账款　　　　　　　　　　100

借：发出商品　　　　　　　　　　80

贷：主营业务成本　　　　　　　　80

案例

2014 年 2 月 8 日，英发公司与丙公司签订建造合同，为丙公司建造一大型工程机械。合同约定，机械总造价为 4500 万元，工期自 2014 年 2 月 8 日起为期 1 年。如果英发公司能够提前 1 个月完工，丙公司承诺支付奖励款 300 万元。当年，受原材料和人工成本上涨等因素影响，英发公司实际发生建造成本 4500 万元。预计为完成合同尚需发生成本 500 万元，工程结算合同价款 4000 万元，实际收到价款 3800 万元。假定工程完工进度按累计实际发生的合同成本占本合同预计总成本的比例确定。年末，工程能否提前完工尚不确定。英发公司会计处理：2014 年确认主营业务收入 4320 万元，结转主营业务成本 4500 万元，并进行了工程结算的会计处理。

券商认为：2014 年年末，工程是否提前完工尚不确定，300 万元的奖励款不应作为合同收入的一部分。预计总成本大于合同收入，应确认合同预计损失。

完工程度 = 已经发生的成本/预计发生的总成本 = 已经发生的成本/(至目前为止已发生的累计成本 + 完成合同尚需发生的成本)

2014 年年末合同完工进度 = 4500/(4500 + 500) × 100% = 90%

2014 年应确认合同收入 = 4500 × 90% = 4050(万元)

2014 年应确认合同费用为 4500 万元

当预计合同总成本大于其总收入时，要计提存货跌价准备

应计提跌价准备 =（当期期末预计总的成本 - 合同总收入）×（1 - 完工百分比）

合同预计损失 =（5000 - 4500）×（1 - 90%）= 50（万元）。

更正分录：

借：主营业务收入　　　　2700000（4320 万 - 4050 万）

贷：工程施工—合同毛利　　　　　　2700000

借：资产减值损失—合同预计损失　　　　500000

贷：存货跌价准备—合同预计损失准备　　500000

第四章
挂牌审查对财务问题的关注

拟挂牌公司的财务问题是股转系统关注的重点。在其挂牌审查中，专设了财务岗和非财务岗，财务岗审查人员专门负责审查财务问题，重点关注以下几个方面：出资、收入确认、主营成本、关联交易、同业竞争等重要财务问题。

§ 第一节　出资 §

股份有限公司股东可以用货币出资，也可以用实物、知识产权、土地使用权等可以用货币估价并可以依法转让的非货币财产作价出资。但是，法律、行政法规规定不得作为出资的财产除外。

对作为出资的非货币财产应当评估作价，核实财产，不得高估或者低估作价。法律、行政法规对评估作价有规定的，从其规定。

全体股东的货币出资金额不得低于有限责任公司注册资本的30%。以发起设立方式设立股份有限公司的，发起人应当书面认足公司章程规定其认购的股份；一次缴纳的，应即缴纳全部出资；分期缴纳的，应即缴纳首期出资。以非货币财产出资的，应当依法办理其财产权的转移手续。

发起人不依照前款规定缴纳出资的，应当按照发起人协议承担违约责任。

发起人首次缴纳出资后，应当选举董事会和监事会，由董事会向公司登记机关报送公司章程、由依法设立的验资机构出具的验资证明以及法律、行政法规规定的其他文件，申请设立登记。

以募集设立方式设立股份有限公司的，发起人认购的股份不得少于公司股份总数的35%；但是，法律、行政法规另有规定的，从其规定。

2014年4月，股转系统发布《关于新修<公司法>施行后挂牌条件及其指引调整情况的公告》，要求公司申请挂牌时注册资本须缴足，主办券商、律师、会计师应依法核验股东出资，评估机构要进一步加强评估工作的规范性，确保申请挂牌公司的出资真实、足额。针对2014年3月1日前申请挂牌公司的设立、增资等，主办券商、律师、会计师应按照既往规定核验出资并提供验资报告；针对2014年3月1日后申请挂牌公司的设立、增资等，股东应按照修改后《公司法》第二十八条和公司章程的规定办理出资手续、履行出资义务，主办券商、律师、会计师应加强股东出资的核验工作，核查股东是否按公司章程规定出资，制作核查出资工作底稿，提供出资证明文件，包括但不限于验资报告、打款凭证。评估机构应依法开展评估业务，提高评估工作的规范性，提升估值的合理性。

拟挂牌新三板的公司往往在发起成立时，在出资方面就存在一些瑕疵，主要表现在如下方面：

一、非货币出资的权属不清及规范办法

（一）主要问题

出资人以无法证明其所有权的非货币资产进行出资。比如：1. 以属于公司的实物、固定资产进行出资；2. 以登记在出资人名下的职务成果进行出资等。

（二）规范的思路与方法

1. 非货币资产出资应当核实出资资产的权属，属于以公司的实物、固定资产作为股东财产进行验资出资的，应当对该部分出资进行减资处理，并追溯调整；

2. 以登记在出资人名下的无形资产，如确属于职务成果，应当对该部分出资进行减资，并进行追溯调整，同时将该无形资产的权属变更到公司名下（不减资可用现金替换）。

（三）案例分析：（奥特美克 430245）

北京奥特美克科技股份有限公司于2013年7月23日在全国股权系统挂牌公开转让。补充法律意见书、审计报告及公开转让说明书等公开材料显示，2006年4月，股东吴玉晓和路小梅以非专利技术“水资源远程实时监控网络管理系统技术”出资640万元，二人各自占比均为50%。由于该项非专利技术与公司的生产经营相关，不排除利用了公司的场地和办公设备甚至公司的相关技术成果，无法排除出资人职务成果的嫌疑，以此项技术出资存在瑕疵，公司决定以现金对该部分出资予以补正。

2012年8月29日，公司召开股东会，决议由股东路小梅和吴玉晓分别以现金320万元对公司2006年4月的非专利技术出资640万元进行补正，并计入资本公积。2012年8月31日，兴华会计师事务所出具【2012】京会兴核字第01012239号审核报告，对上述补正出资的资金进行了审验，确认截至2012年8月31日止，公司已收到上述股东的补足出资，并已进行了合理的会计处理。补正该出资后，公司的注册资本，实收资本不变。

负责推荐业务的会计师事务所认为，2012年1月1日，公司资本公积－资本溢价为8,405,000.00元。2012年8月29日，股东以现金补正非专利技术出资，计入资本公积6,400,000.00元，截至2012年8月31日公司整体变更为股份公司，资本公积科目余额为14,805,000.00元。公司以2012年8月31日净资产折股，根据审计报告，净资产折股中，资本公积折股金额为14,649,878.36元。即股东以现金补正出资而计入资本公积的6,400,000.00元，通过整体变更折股增加股份，而该股份由全体股东共享，且包含该以该专利技术出资的原股东。2012年12月31日，吴玉晓和路小梅合计持有公司51%股权，也就是说，尽管吴玉晓和路小梅以640万元增加资本公积，但是实际上他们两人仅仅将313.60万元分享给其他股东，他们两者还占有640万元的316.40万元的份额。即，该现金补正非专利技术出资的方案并未彻底解决出资问题。

事实上，能彻底解决该类问题的方案是吴玉晓和路小梅以非专利技术减资，然后增资640万元，再将该专利技术无偿转让给挂牌公司。

二、非货币出资的估价不实及规范办法

（一）常见问题

1. 出资人以未经评估以非货币出资，或评估值明显虚高；

2. 对公司自有资产重新评估后以评估增值部分进行增资；

3. 出资人以与公司经营不相关或不产生经营收益非货币资产出资。

（二）规范的思路与方法

1. 对于非货币出资未经评估的情形，应当由中介机构充分论证是否存在出资不实的情形；

2. 对于评估值明显虚高、未经评估但出资作价虚高的，以与公司经营不相关或不产生经营收益的非货币资产出资的，可以采用现金补足或减资的方法进行规范，其中与公司经营不相关或不产生经营收益的非货币资产应当视该出资无价值。采取现金补足规范方法的，不应变更注册资本或资本公积金，而应当将该非货币资产原入账价值中虚高的部分减除，并以现金补足，对该非货币出资进行了摊销的，应当进行追溯调整；采用减资规范方法的，应将估值虚高部分减资，对该非货币出资进行了摊销的，应当进行追溯调整；

3. 对于公司以自有资产重新评估，以评估增值进行增资的情况，属于出资不实，应当减资，会计上进行追溯调整，对该评估增值的资产还原为历史成本计价。

三、抽逃出资、关联方占用公司资金及规范办法

（一）常见问题

1. 将出资款项转入公司账户验资后又转出，通过虚构债权债务关系将其出资转出，制作虚假财务会计报表虚增利润进行分配，利用关联关

系将出资转出，其他未经法定程序将出资抽回；民间借贷称之为摆账，将其在账上摆放一下；

2. 公司关联方无偿借用、使用公司的资金、资产或资源。

（二）规范的思路与方法

1. 如果是通过虚构债权债务，制作虚假财务会计报表虚增利润进行分配等方式抽逃出资的，应当进行追溯调整；

2. 如果直接从公司账户转出资金未进行会计处理的，应即时归还转出款项；

3. 如果是利用关联交易转出资金的，通过挂往来账项占用公司资金的，应归还款项并核销往来账项；

4. 其他占用公司资产、资源的，应将将资产归还公司，停止占用公司资源。

四、相互出资、循环出资及规范办法

（一）常见问题

1. 同一控制人控制下的公司之间相互持有股权，构成相互出资，比如同一控制人下的 A、B 两公司，A 公司持有 B 公司 30% 的股权，B 公司持有 A 公司 20% 的股权；

2. 母子公司之间相互出资，形成出资循环，放大关联公司之间的资本金，比如 A、B、C 三家公司，A 公司为 B 公司的母公司，B 公司为 C 公司的母公司，A 公司对 B 公司增资 1000 万元，B 公司对 C 公司增资 1000 万元，C 公司对 A 公司增资 1000 万元。

（二）规范的思路与方法

关联企业之间相互出资、循环出资虚增了关联企业之间的资产和注册资本，容易导致实际控制人混淆，应当通过减资、股权转让的方式溯本清源。相互出资和循环出资不会对企业的损益产生影响，因此在会计上只需对减资、股权转让行为进行会计处理即可，无需进行追溯调整。

公司历史沿革过程中存在国有股东（包括国资委出资企业、财政部门出资企业、校产企业、军产企业等）出资及退出的，国有股东出资及退出未能履行审批、评估、挂牌转让等程序，不排除国有资产流失。国有股东无法出具设立批复、公司存在国有股东（包括国资委出资企业、财政部门出资企业、校产企业、军产企业等）的，未取得设置文件，不排除国有资产界定不明。

公司历史沿革过程中存在外资股东出资及退出的，外资股东出资及退出未履行法定程序，要审查出资、退出合法合规性。

五、无形资产出资不实

（一）常见问题

1. 无形资产估值过高
2. 无形资产属职务成果

（二）规范思路

1. 对无形资产进行合理估价
2. 明确无形资产产权属性

（三）案例分析

某有限公司成立时注册资本5000万元，其中股东A、B以两项发明专利评估作价2260.53万元投入公司，该两项发明专利为A、B以150万元购自公司的关联方HHH。专利后期收益较低。

针对无形资产出资价值是否虚高，主办券商补充核查后认为该无形资产无公司后期收益支撑，价值存疑，主办券商公司决定通过减资解决该问题。

§ 第二节　收入确认 §

收入是指企业在日常活动中所形成的、会导致所有者权益增加的、非所有者投入资本的经济利益的总流入。收入是利润表的重要科目，反映了公司创造利润和现金流量的能力。在主板及创业板挂牌管理办法规定的发行条件中，均有营业收入的指标要求。收入按企业从事日常活动的性质不同，分为销售商品收入、提供劳务收入和让渡资产使用权收入。收入按经营业务的主次分为：主营业务收入、其他业务收入。

一、销售商品收入

（一）确认原则

1. 企业已将商品所有权上的主要风险和报酬转移给购货方

2. 企业既没有保留通常与所有权相联系的继续管理权，也没有对已售出的商品实施控制

3. 与交易相关的经济利益很可能流入企业

4. 收入的金额能够可靠地计量

5. 相关的已发生或将发生的成本能够可靠地计量

（二）存在的主要问题

部分拟挂牌公司为了达到“增收”或“逃税”等目的，有时会在收入账务处理上采用各种非法、非正规的手段来粉饰其经营业绩，从而谋求不正当的利益。主要表现形式如下：

1. 随意调整入账时间，提前或滞后确认收入

在实际中，很多企业为了调节各个会计期间的经营业绩，不按照会计分期假设的规定合理确定收入的确认期间，提前或滞后确认销售收入，以达到“增收”或“逃税”的目的。例如：某公司某年 11 月 20 日销售一批商品，价值 50 万元，成本 32 万元。因为已接近月底结账日，企业领导授意会计这项销售业务本月不入账，待下月再进账。从而使得当月的企业利润减少 18 万元、下月利润增加 18 万元。

2. 虚列收入

（1）白条出库，作为销售入账

一般情况下，企业应在发出商品、提供劳务，同时收讫货款或取得索取货款的凭证时，确认销售收入的实现。在实际工作中，有些企业为

了虚增利润，依据白条出库来确认销售收入的实现。例如：某企业为了调整利润，企业领导开了一张白条，要求库管员向其客户宏达公司发出丙产品300件，单位成本为200元，单位售价为350元，让其代销。企业在没有收到宏达公司任何代收代销单据的情况下，就凭仓库发货的一张白条做账，确认了该笔收入，从而虚增当期利润45000元。

（2）虚构客户，进行虚假交易，虚增收入，虚增利润

许多企业为了虚增利润，对并不存在真实交易的销售业务虚构客户及交易，并按正常的销售程序进行运转。例如，某企业为了实现“扭亏为盈”，虚开销售发票，虚列销售收入，造成扭亏的假象。

3. 隐匿收入

新会计准则第14号具体准则规定：预收款方式销售商品，指购买方在商品尚未收到前按合同或协议约定分期付款，销售方直到收到最后一笔款项时才交货的销售方式。在这种方式下，企业直到收到最后一笔款项才将商品交付购买方，表明商品所有权上的主要风险和报酬转移给购货方，此时通常可以确认为收入，在此之前预收的货款应确认为一项负债。但某些企业通常在预收购货单位的货款并向购货单位发出商品时，为了调整利润，直接将其记入“发出商品”，结转发出商品的成本，而不确认收入，以达到“逃税”的目的。

4. 销货退回的会计处理不当

销售退回指企业售出的商品由于质量、品种不符合要求等原因而发生的退货。企业应分别针对不同情况进行会计处理。新会计准则第14号具体准则规定：对于未确认收入的销售退回，只将已发出的商品作入账处理；对于已确认收入的商品发生退回时，企业一般应在发生时冲减当期商品销售收入，同时冲减当期销售商品成本；如果销售退回属于资产负债表日后事项的，应当按照资产负债表日后事项的相关规定进行会计处理。但在实际工作中，有些企业为了不影响收入、利润，对退回的商品不入账，形成账外资产，或者直接虚拟往来退货，不冲减商品销售收入。如：某企业本月收到上月退回的价值200万元的质次商品，企业当月本应冲减产品销售收入200万元。但企业为了不影响当期损益，便故意将

退回的产品虚挂了“应收账款”或“应付账款”账户，造成销售收入虚增200万元，从而虚增当期利润。

5. 附有销售退回条件的商品销售，在商品发出时全额确认销售收入

新会计准则14号具体准则规定：附有销售退回条件的商品销售，是指购买方依照有关协议有权退货的销售方式。在这种销售方式下，企业根据以往经验能够合理估计退货可能性且确认与退货相关负债的，通常应在发出商品时确认收入；企业不能合理估计退货可能性的，通常应在售出商品退货期满时确认收入。例如企业将商品销售给购货方的同时，承诺如有问题可以在一定时间内退货。这种情况下，企业应按照准则的确认条件进行收入的会计处理，但企业为了增加业绩却没有考虑确认条件而全额确认了销售收入。

6. 其他销售形成的收入不入账，私设“小金库”

除了占主导地位的商品销售外，企业还会从事其他销售行为：销售材料、销售边角料以及提供其他劳务等等。这些销售行为如果处理不当，也会影响企业的利润。

（1）销售材料的收入直接冲减材料成本

根据财务制度规定，企业销售材料、固定资产出租、包装物出租或出售、提供技术转让、运输等非工业劳务，均应作为企业的收入进行核算。有些企业为了逃交税款，将销售材料所得的收入直接冲减材料成本。如：企业售出一批价值为300万元的材料一批，采购成本为250万元。但企业为了偷税漏税，却将收到的收入直接冲减了原材料的采购成本，造成漏缴各种税金及费用48.4万元（其中应交城建税3.08万元，应交教育费附加1.32万元）。

（2）销售边角余料，收入私存“小金库”

按照有关规定，企业生产车间剩余的边角余料，作价出售时，应作为收入处理，同时冲减材料成本。在实际中，车间领导为了私人利益，一般将销售的边角余料不入账，而是直接存入“小金库”。如：企业生产大型设备，常会出现一些废钢、烂铁、钢管等边料角料、料头等。车间领导派人出售后，让财务人员直接存入“小金库”等，以牟取私利。

（三）案例分析

鸿立光电公开转让说明书显示，2015 年，宁波鸿立光电科技股份有限公司确认对浙江陶氏集团黄岩模具二厂有限公司（以下简称“浙江陶氏”）的销售收入实际上交易为 2014 年发生，但 2014 年公司已与浙江陶氏有纠纷，浙江陶氏存在不支付该笔交易款项的可能，不符合收入确认的原则，因此公司未确认该笔收入。2015 年，公司已对浙江陶氏提起诉讼，根据律师的建议以及法院要求提供证据所需，公司根据过去和浙江陶氏集团黄岩模具二厂有限公司实际发生的交易情况补开了发票并确认了收入。

股转系统要求，主办券商和申报会计师补充核查上述收入确认是否符合企业会计准则相关规定，就公司是否存在调节收入情形，财务核算是否规范发表明确意见。

主办券商、会计师针对上述收入确认是否符合企业会计准则相关规定等相关问题进行了补充核查。2012 年 12 月 11 日浙江陶氏签订了模具产品供货合同。根据该合同，双方同意由鸿立光电代为开发两款模具，总价为 161 万元（含税），且该模具用于生产浙江陶氏订单。2012 年 12 月宁波鸿立收到浙江陶氏支付的该笔模具的 50% 合同预付款即 80.5 万 元。合同签订后，鸿立光电即开始通过开发出的模具接受浙江陶氏的生产订单。截至 2014 年 12 月，鸿立光电共计通过该模具生产并向浙江陶氏提供合格品累计价值 1,367.57 万元，该模具生产的产品合格且为浙江陶氏接受。

2014 年，公司与浙江陶氏产生纠纷，浙江陶氏逐次推迟产品验收时间，并无故推迟货款支付时间；在公司各种努力沟通无果的情况下，于 2015 年 1 月聘请律师展开诉讼，积极追偿货款。

公司收入确认的具体会计政策如下：“本公司主要销售的非标产品（如模具、小批量试制产品）在提交客户并经调试验收后确认收入；公司销售的标准产品（大批量产品）在发货经客户确认后确认收入。”

公司 2015 年确认的对浙江陶氏的收入总额 150.04 万元，主要分两部分，一部分是标准件产品，一部分是模具。其中 12.44 万是标准件产品，于 2014 年发货，主办券商、会计师获得相应的存货出货单进行检查，检查发货的真实性。但是截至 2014 年 12 月 31 日该相应批次货物未经浙江陶氏验收，根据公司收入确认政策，未经客户确认收货确认的货物不能确认收入，故在 2014 年未确认该批次货物收入。2015 年初，鸿立光电工作人员陪同律师去浙江陶氏现场取证时发现该批次货物已经被浙江陶氏生产领用，且未收到浙江陶氏的退货及相应质量不合格通知。根据合同约定鸿立光电认为该批次货物无质量问题，且本公司产品已实际被浙江陶氏使用，因此公司在 2015 年 2 月确认了相关标准件产品的收入。另有 137.60 万是代开发模具产品收入，该模具开发用于生产供应浙江陶氏标准件。模具销售合同中约定对方验收合格才能确认，浙江陶氏迟迟没有验收该批模具和支付合同约定的剩余 50% 款项，公司根据《企业会计准则》的收入确认条件之一。“相关的经济利益很可能流入企业”的规定认为，由于浙江陶氏迟迟不进行验收和支付剩余 50% 款项认为可能不符合该收入确认条件，所以在 2014 年度未确认该代开发模具产品收入。2015 年，公司经过沟通和咨询法律顾问，认为通过法律途径解决纠纷胜诉的可能性很大，且若强制执行浙江陶氏具有偿付款项的能力，则预期“相关经济利益很可能流入企业”。因而，鸿立光电在 2015 年据此将模具全额确认了收入。

主办券商、会计师检查了宁波鸿立公司的收入确认依据，包括相应的销售合同、送货单、与客户的对账单、销售发票以及相应的收款原始凭证等，认为浙江陶氏上述收入确认满足公司会计政策，且核查公司的其他业务收入到确认均严格按照会计政策规定的节点执行。

因此，主办券商和申报会计师认为：鸿立光电收入确认符合企业会计准则相关规定，公司不存在调节收入情形，财务核算规范。

2015 年 10 月 26 日，股转系统出具了同意鸿立光电挂牌的函。

二、提供劳务收入

（一）确认原则

提供劳务的划分标准有多种，为便于会计核算，一般以提供的劳务是否跨年度作为划分标准。不跨年度的劳务，指提供劳务的交易的开始和完成均在同一个年度；跨年度劳务，指提供劳务的交易的开始和完成分属于不同的年度。

对于不跨年度的劳务，提供劳务收入按完成合同法确认，确认的金额为合同或协议的总金额确认时，参照销售商品收入的确认原则。

对于跨年度的劳务，提供劳务收入分别资产负债表日劳务的结果是否能够可靠地予以估计来加以确认。

（二）分类

1. 在资产负债表日，劳务的结果能够可靠地估计

在资产负债表日，如果提供劳务的结果能够可靠地估计，则应采用完工百分比法确认劳务收入。完工百分比法，是指按照劳务的完成程序确认收入和费用的方法。完工百分比法确认收入，仅适用于提供劳务的交易，当劳务提供活动的开始和完成分属于不同的会计年度，为准确地反映每一个会计年度的收入、费用和利润情况，企业应在资产负债表日按劳务的完成程度确认收入和费用。根据会计制度，提供劳务的交易结果能否可靠估计，依据以下条件进行判断，如同时满足以下条件，则交易的结果能够可靠地估计。

劳务总收入一般根据双方签订的合同或协议注明的交易总金额确定。随着劳务的不断提供，可能会根据实际情况增加或减少交易总金额，企业应及时调整劳务总收入。

劳务总成本包括至资产负债表日止已经发生的成本和完成劳务将要发生的成本。企业应建立完善的内部成本核算制度和有效的内部财务预算及报告制度，准确提供每期发生的成本。并对完成剩余劳务将要发生的成本做出科学、可靠的估计，并随着劳务的不断提供或外部情况的不断变化，随时对估计的成本进行修订。

与交易相关的经济利润能够流入企业。只有当与交易相关的经济利益能够流入企业时，企业才能确认收入。企业可以从接受劳务方的信誉、以往的经验以及双方应结算和期限达成的协议等方面进行判断。

劳务的完成程度能够可靠地确定。劳务的完成程度可以采用以下方

法确定：

一是已完工作的测量。这是一种比较专业的测量法，由专业测量师对已经完成的工作或工程进行测量，并按一定方法计算劳务的完成程度。

二是已经提供的劳务占应提供劳务总量的比例。这种方法主要以劳务量为标准确定劳务的完成程序。

三是已经发生的成本占估计总成本的比例。

在采用完工百分比法确认收入时，收入和相关费用应按以下公式计算：

本年确认的收入＝劳务总收入×本年末止劳务的完成程序－以前年度已确认的收入

本年确认的费用＝劳务总成本×本年末止劳务的完成程度－以前年度已确认的费用

不难看出，采用完工百分比法确认收入，关键是确定劳务的完成程度。

2. 在资产负债表日，劳务交易的结果不能可靠地估计

企业在资产负债表日，如不能可靠地估计所提供劳务的交易结果，则企业不能按完工百分比法确认收入。这时企业应正确预计已经收回或将要收回的款项能弥补多少已经发生的成本，分别以下情况进行处理：

（1）已经发生的劳务成本预计能够得到补偿的，应按已经发生的劳务成本金额确认收入；同时，按相同的金额结转成本，不确认利润。

（2）已经发生的劳务成本预计只能部分地得到补偿的，应按能够得到补偿的劳务成本金额确认收入，并按已经发生的劳务成本结转成本。确认的收入金额小于已经发生的劳务成本的金额，确认为当期损失。

（3）已经发生的劳务成本预计全部不能得到补偿的，不应确认收入，但应将发生的劳务成本确认为当期费用。

（三）案例分析

汉米敦（上海）工程咨询股份有限公司劳务收入确认方法为：如果提供劳务交易的结果不能够可靠估计，则按已经发生并预计能够得到补偿的劳务成本金额确认提供的劳务收入，并将已发生的劳务成本作为当

期费用。

对此，股转系统要求主办券商及会计师核查：报告期公司是否存在以劳务成本金额确认收入同时将已发生的劳务成本作为当期费用的情形，上述收入占总营业收入的比重及其对公司经营成果构成的影响。并请主办券商及会计师就公司上述会计政策是否符合《企业会计准则》、公司收入成本是否配比、财务核算是否规范发表明确意见。请公司补充披露。

经主办券商核查，报告期内，公司不存在以劳务成本金额确认收入同时将已发生的劳务成本作为当期费用的情形，该事项对公司经营成果不构成影响。

除上述销售商品收入、提供劳务收入外，还有让渡资产使用权收入，让渡资产使用权收入主要包括利息收入、使用费收入。另外还包括出租资产收取的租金、进行债券投资取得的利息、进行股权投资取得的现金股利收入等。让渡资产使用权收入的确认原则有两条，一是相关经济利益很可能流入企业，二是收入的金额能够可靠计量。股转系统对让渡资产使用权收入关注相对较少，但拟挂牌公司在利润表中仍需严格按照企业会计准则进行会计处理，以免遗留后患。

三、收入确认中应注意的问题

1. 真实收入需具备的基本要点：购销合同、增值税发票、营业税发票、资金回款、验收或运费单据、纳税申报表、缴纳相应的税款。

2. 收入的完整性，即所有收入是否均开票入账，对大量现金收入的情况，是否有专门内部控制进行管理。对于零售企业等大量收入现金的企业，更须引起重点关注。

3. 现金折扣、商业折扣、销售折让等政策。根据会计准则规定，发生的现金折扣，应当按照扣除现金折扣前的金额确定销售商品收入金额，现金折扣在实际发生时计入财务费用；发生的商业折扣，应当按照扣除商业折扣后的金额确定销售商品收入金额；发生的销售折让，企业应分别不同情况进行处理。

4. 关注销售的季节性，产品的销售区域和对象，企业的行业地位及竞争对手，结合行业变化、新客户开发、新产品研发等情况，确定各期收入波动趋势是否与行业淡旺季一致，收入的变动与行业发展趋势是否一致，是否符合市场同期的变化情况。

5. 关注企业的销售网络情况及主要经销商的资金实力，所经销产品对外销售和回款等情况，企业的营业收入与应收账款及销售商品、提供劳务收到的现金的增长关系。

四、案例分析

股转系统较为关注拟挂牌公司的主营收入来源、可持续性以及合理性。海航冷链致力于第三方冷链物流的仓储、运输、配送服务，并为客户提供物流解决方案等物流增值服务。针对其提供的挂牌材料，股转系统要求，其结合公司主营业务补充说明将销售产品收入计入主营业务收入的合理性。

海航冷链解释说，在主营业务分类中，公司主营业务收入分为物流收入及商品销售收入。公司销售商品收入来自于为宜家家居提供的冷链物流解决方案及冷链物流运输服务，商品的采购价格为公司、宜家及供应商三方合同的合同约定价格，商品销售价格为公司与宜家协商按采购价加成一定成本和利润比例进行销售。公司为宜家家居项目提供的基础服务为冷链运输服务，公司依靠多年的冷链物流运输经验，借鉴先进的物流供应链模式，争取到宜家家居此类大客户的合作，为宜家家居提供冷链物流解决方案，优化其供应链并提高效率、减少成本。公司为客户整合冷链供应链流程，销售商品收入来源于冷链供应链服务。因此，商品销售收入计入主营业务收入合理。

§ 第三节　营业成本 §

营业成本是指企业所销售商品或者提供劳务的成本。营业成本应当与所销售商品或者所提供劳务而取得的收入进行配比。

一、分类

营业成本又分为主营业务成本和其他业务成本，它们是与主营业务收入和其他业务收入相对应的一组概念。

（一）主营业务成本

主营业务成本是企业销售商品、提供劳务等经常性活动所发生的成本。企业一般在确认销售商品、提供劳务等主营业务收入时，或在月末，将已销售商品、已提供劳务的成本转入主营业务成本。

（二）其他业务成本

其他业务成本是企业确认的除主营业务活动以外的其他经营活动所发生的支出。其他业务成本包括销售材料的成本、出租固定资产的折旧额、出租无形资产的摊销额、出租包装物的成本或摊销额等。

二、真实成本需具备的基本要点

1. 要有配比的原材料购进和消耗（含包装物）
2. 购进原材料需开有增值税发票
3. 对重要和紧俏的原材料需预付款
4. 购销业务付款周期正常
5. 要有仓管签字的有数量金额的入库单据
6. 要有直接费用和间接费用的分配比例和实际支付凭证

三、营业成本关注重点

成本费用直接影响企业的毛利率和利润，影响企业的规范、合规性和盈利能力，其主要关注点如下：

1. 成本核算方法是否规范，核算政策是否一致。拟改制挂牌的企业，往往成本核算较为混乱。对历史遗留问题，一般可采取如下方法处理：对存货采用实地盘点核实数量，用最近购进存货的单价或市场价作为原材料、低值易耗品和包装物等的单价，参考企业的历史成本，结合技术人员的测算作为产成品、在产品、半成品的估计单价。问题解决之后，应立即着手建立健全存货与成本内部控制体系以及成本核算体系。

2. 相关管理制度是否健全，票据取得是否合法，有无税务风险。

3. 在材料采购方面，应关注原材料采购模式，供应商管理制度等相关内部控制制度是否健全，价格形成机制是否规范，采购发票是否规范。

4. 成本真实性。到新三板挂牌的企业大多是中小微企业，大都有相应的避税需求。成本的真实性是股转公司重点关注的问题。

四、案例分析

新三板挂牌要求财务与业务相匹配，针对格利尔数码科技股份有限公司的挂牌申请，股转系统要求主办券商、会计师结合行业特点、产品或服务类型、关键资源要素、采购模式、销售模式、盈利模式、收付款政策、客户及供应商类型、主要业务合同等，比照《企业会计准则》，核查公司财务报表相关科目的会计政策及会计处理，列报是否与实际业务相匹配。

具体就成本而言，要求（1）披露成本构成，结合直接材料、直接人工、制造费用等分析影响成本的主要影响因素，发生较大波动的，请公司披露波动原因；（2）披露成本的归集、分配、结转方法；（3）结合存货变动情况说明采购总额、营业成本之间的勾稽关系。并请主办券商及会计师结合上述情况核查公司采购的真实性、成本的真实性及完整性，并发表专业意见。

公司工程机械设备销售的成本由机械设备的采购成本、公司签订销售合同过程中第三方公司提供的咨询服务成本、运输成本、报关各项税费等组成；配件与维修服务的成本由配件成本、第三方公司提供的咨询服务成本组成；工程机械设备销售居间服务的成本为公司支付给第三方公司提供的咨询服务成本组成。主办券商与会计师认为，总体来看，公司产品毛利率在报告期内波动较大，主要原因为公司部分销售及维修服务合同在提供服务的过程中引入第三方协助公司开展市场考察、参与项目运作、协调采购方与设备厂商进行交流，公司就该部分外部服务所支付的劳务费用按对应的合同项目计入营业成本中。每年根据不同项目，是否引入第三方提供劳务不具有规律性，因此造成公司报告期内毛利率波动较大。

公司对公司成本的归集、分配、结转方法进行了披露：公司成本均为直接材料（服务）成本，成本的归集、分配均根据项目合同执行。具体结转方法如下：一是工程机械设备销售。工程机械设备销售为大宗销售，公司在获得客户采购订单时，向供应商下单提货，核算时按合同项目归集成本。预先支付的款项首先计入预付款项，确认收入时将本合同项目发生的成本费用一次性结转为成本，同时将应付未付款项确认为应付账款。二是居间服务。居间服务收入为提供的促成交易的服务，核算该类成本时，按所支付给第三方协助公司开展市场考察、参与项目运作、协调采购方与设备厂商进行交流等款项计入预付款项，确认收入时将本合同项目发生的成本费用一次性结转为成本。三是配件销售及维修服务。配件发出时，作发出商品处理。待客户验收确认收到的配件数量或公司提供维修所使用的配件数量时确认收入，同时将本合同项目发生的成本费用一次性结转为成本。

主办券商、会计师还结合存货变动情况说明采购总额、营业成本之间的勾稽关系。

主办券商与会计师认为，针对工程机械设备采购的真实性，由于工程机械设备采购合同与销售合同一一对应，经过对同一个项目的采购合同与销售合同进行核对，以及对客户验收文件上设备明细与采购合同明细进行核对，工程机械设备采购未发现异常。针对配件采购的真实性，配件采购一般不签订合同，公司主要在供应商原厂配件销售系统上直接下订单，经抽查供应商系统订单、发货明细与公司入库明细进行核对，同时核对增值税进项发票，配件采购未发现异常。

经对主要供应商的核查程序：

1. 期末对主要供应商发送询证函，回函率较高且对主要函证情况给予肯定回复；

2. 抽查采购合同、采购发票；

3. 对主要供应商采购入库情况，抽查入库单；

4. 查看期后对主要供应商的付款记录。

通过以上核查程序，未发现虚假或异常供应商。

针对成本的真实性及完整性，公司三类业务全部按合同归集发生的费用，结转成本，经抽查销售合同确认收入对应的成本结转明细，核对预付款项科目的项目明细，检查会计系统收入与成本的结转方式，成本的真实性及完整性未发现异常。

§ 第四节　关联交易 §

一、关联交易概述

关联交易是指公司或是其附属公司与在本公司直接或间接占有权益、存在利害关系的关联方之间所进行的交易。关联方包括自然人和法人，主要指挂牌公司的发起人、主要股东、董事、监事、高级行政管理人员及他们的家属和上述各方所控股的公司。

关联交易在公司的经营活动特别是公司并购行动中，是一个极为重要的法律概念，涉及到财务监督、信息披露、少数股东权益保护等一系列法律环境方面的问题。

关联方又有关联法人和关联自然人之分：关联自然人指持有挂牌公司5%以上股份的个人股东和拟挂牌公司的董监高及其亲属（包括：父母、配偶、兄弟姐妹、年满18周岁的子女、配偶的父母、子女的配偶、配偶的兄弟姐妹、兄弟姐妹的配偶）。关联法人主要指直接或间接地控制拟挂牌公司，以及与拟挂牌公司同受某一企业控制的法人（包括但不限于母公司、子公司、与拟挂牌公司受同一母公司控制的子公司）及上述关联自然人直接或间接控制的企业。

二、常见的关联交易类型

1. 资产交易。既包括个别实物资产（如具体设备）的买卖、无形资产的买卖、股权及期权的买卖，也包括整个企业之间的并购。

2. 资金融通。主要就是公司和关联方之间提供资金。

3. 接受及提供担保。主要是指拟挂牌公司和控股股东、大股东及其控制的子公司、附属企业之间互相担保。

三、构成企业的关联方

1. 该企业的母公司；

2. 该企业的子公司；

3. 与该企业受同一母公司控制的其他企业；

4. 对该企业实施共同控制的投资方；

5. 对该企业施加重大影响的投资方；

6. 该企业的合营企业；

7. 该企业的联营企业；

8. 该企业的主要投资者个人及与其关系密切的家庭成员。主要投资者个人，是指能够控制、共同控制一个企业或者对一个企业施加重大影响的个人投资者；

9. 该企业或其母公司的关键管理人员及与其关系密切的家庭成员。关键管理人员，是指有权力并负责计划、指挥和控制企业活动的人员。与主要投资者个人或关键管理人员关系密切的家庭成员，是指在处理与企业的交易时可能影响该个人或受该个人影响的家庭成员；

10. 该企业主要投资者个人、关键管理人员或与其关系密切的家庭成员控制、共同控制或施加重大影响的其他企业。

四、关联交易的审核要求

根据目前股转公司审核披露的公开文件来看，新三板对关联交易并非绝对禁止，在符合一定条件的情形下是允许存在的。通常能够容忍的关联交易应当符合以下条件：

1. 实体上交易价格和条件公允，不能存在转移利润的情形；
2. 程序上严格遵循公司章程和相应制度的规定；
3. 数量上不能影响到公司的独立性；
4. 关联方占用公司资金必须进行清理；
5. 及时进行真实、准确、完整的信息披露。

五、如何解决关联交易的问题

根据拟挂牌企业的不同情况采取以下方法规范关联交易：

1. 主体非关联化。比如将关联方股权转让给非关联方；对已经停止经营、未实际经营或者其存在可能对拟挂牌主体造成障碍的关联企业进行清算和注销，剥离关联方的业务等；

2. 程序合法化。即严格按拟挂牌主体章程和关联交易管理制度对关联交易进行审批和表决；

3. 价格公允化。了解拟挂牌企业的定价机制，充分论证关联交易的价格遵循市场定价机制，定价公允；

4. 解决与关联法人之间的交易主要是通过调整关联企业和签署关联事务协议两种方式进行。一是对关联企业的股权结构进行调整，以降低其关联性；二是对关联企业进行收购，消除关联方；

5. 解决与关联自然人之间的交易。一是建立和完善预防、救济措施如规定累积投票制度、股东表决权排除制度，必要时可采用司法途径保护权利；二是完善公司法人治理结构，加强董监高之间的互相监督和制约，限制权力滥用。

六、关于关联方尽调的方法

1. 通过收集文件资料、与公司管理层或业务人员面谈相关方核对事实地考察等方式，对涉及的相关法律事项进行核查验证；

2. 结合审计报告，重点审核查阅公司的登记档案资料、股东名册，企业信用报告 ；

3. 核查审阅关联方的企业登记信息，取得公司及控股东、实际制人、持股5% 以上股东、董事监高级管理人员及公司出具的避免同业部分承诺函、董事监及高级管理人员诚信状况声明关于同业竞争混经营和侵权责任等问题的承诺函、关于公司尽调情况说明全体董事备案文件的承诺函、董事监高级管理人员及其他核心技术声明书等，并对关联股东进行访谈。

七、案例分析

案例

针对上海蓝怡科技股份有限公司提出的挂牌申请，股转系统要求公司披露针对关联方占款的内控制度，同时，要求主办券商及会计师核查关联方资金占用的规范措施是否有效，期后是否仍发生关联方占款，并对公司与关联方资金独立性发表专业意见。

上海蓝怡回复，股份公司成立后，为进一步完善公司治理，防止股东及其关联方占用或者转移公司资金、资产及其他资源的行为发生，公司制定了公司章程、建立健全了三会议事规则，规定公司的控股股东、实际控制人员不得利用其关联关系损害公司和其他股东利益，违反规定给公司及其他股东造成损失的，应当承担赔偿责任。同时，为规范公司关联交易和对外担保行为，公司股东大会还审议通过了关联交易制度和规范与关联方资金往来的管理制度，对关联人和关联交易的界定、关联交易的决策程序、对外投资的决策权限及审批程序、对外担保决策权限、程序及风险控制等均做出专门规定。股份公司未来将根据公司章程和相关制度严格执行关联交易决策制度，规范关联交易和关联方资金往来情况。

主办券商经核查后发现，关联方于 2015 年 6 月将所有资金占用款偿还至公司，且股份公司已通过公司章程、股东大会议事规则、董事会议事规则、关联交易制度，对关联方的认定、关联交易的认定、关联交易的决策权限、关联交易信息披露、关联方表决权回避等内容进行了具体的规定，从公司制度层面避免日后类似情形的发生。同时，公司实际控制人李子樵已于 2015 年 8 月出具了关于不占用公司资金的承诺函。主办券商认为，公司对关联方资金占用的规范措施是有效的。

同时，通过访谈管理层，核查公司期后银行存款明细账，主办券商认为，截至反馈回复出具日，公司未再发生关联方占款问题。股份公司成立后，公司建立了完善有效的防止关联方占款的内控制度。公司对所有资产拥有完全的控制和支配权，公司的资金独立于关联方的支配。

案例

重庆富燃科技股份有限公司最近一期收入均来自于关联交易收入。股转系统要求公司补充披露上述情况的成因，结合公司期后重大业务合同等补充分析公司业务的持续性与稳定性。

重庆富燃科技股份有限公司对此解释，公司最近一期收入均来自于关联交易，且均为技术服务收入，原因在于：1、由于发电行业的季节性，第一季度属于用电高峰期，国家规定每年的春节前后电厂需保证电量供给，不允许停电停炉。基于这一特性，公司的产品需要电厂锅炉停止运行后进行安装，因此，公司在2015年第一季度没有形成富氧燃烧设备的销售；2、公司在第一季度参与了发电厂客户进行前期招投标准备工作，正式的合同直到6月份才签订，与电厂客户本身招投标流程和内部审核流程时间较长也有关系。公司在期后已与国电重庆恒泰发电有限公司、国电达州发电有限公司签订了合同，上述合同均为设备销售业务，且客户均是公司的非关联方。

§ 第五节　同业竞争 §

一、同业竞争概述

同业竞争是指挂牌公司所从事的业务与其控股股东（包括绝对控股与相对控股，前者是指控股比例50%以上，后者是指控股比例30%以上50%以下，但因股权分散，该股东对挂牌公司有控制性影响）、实际控制人及其所控制的企业所从事的业务相同或近似，双方构成或可能构成直接或间接的竞争关系。

通常情况下，同业竞争的形成与未进行“完整性重组”有直接关系，在公司挂牌时，发起人未能将构成同业竞争关系的相关资产、业务全部装入挂牌公司，最终导致挂牌公司现有的经营业务与控股股东形成竞争关系。

在企业实际经营中，同业竞争的存在必然使得相关联的企业无法完全按照完全竞争的市场环境来平等竞争，控股股东利用其表决权可以决定企业的重大经营，如果其表决是倾向于非挂牌公司，对中小股东来说是不公平的。

各国立法均规定了原则上要求挂牌公司禁止同业竞争，以防止控股股东利用控股地位，在同业竞争中损害挂牌合同的利益。如果一个拟挂牌公司与其发起人存在有同业竞争的事实，会受到股转系统的关注，所以发起人与拟挂牌公司一定要做好对同业竞争的处理。

二、常见问题

1. 同一实际控制人之下存在与拟挂牌企业同业竞争的企业；

2. 公司高级管理人员、财务人员在关联企业中兼职；

3. 公司改制时，发起人没有将构成同业竞争关系的相关资产、业务全部投入股份公司。

三、同业竞争的判断

1. 同业竞争主体的判断。应从实际控制角度来划分，第一类包括公司的第一大股东、通过协议或公司章程等对挂牌公司财务和经营政策有实际控制权力的股东、可以控制公司董事会的股东、与其他股东联合可以共同控制公司的股东；第二类包括上述股东直接或间接控制的公司，也就是挂牌公司的并行公司。

2. 同业竞争内容的判断。不仅局限于从经营范围上做出判断，而应遵循“实质重于形式”的原则，从业务的性质、业务的客户对象、产品或劳务的可替代性、市场差别等方面进行判断，同时应充分考虑对拟挂牌企业及其股东的客观影响。例如华润集团下的华润超市和深万科下的万佳百货，一个是立足于生活小区的小型超市，一个是综合性的商场，从市场定位、客户对象等还是有区别的，并且华润集团和深万科一直以来就在各自的商品零售业发展，无论要谁兼并谁都有一定的困难。因此深万科在公告中这样表述：“华润万方和万佳业务虽然同处零售行业，但因双方业态和经营模式及商品种类存在很大差异，并没有构成直接对立的利益冲突，华润将按照有利于万科长远发展和有利于万科中小股东利益的原则避免在零售业务方面与万佳发生冲突，并将就零售业务的发展，与万科探讨多种合作的可行性。”因此不能简单判断同业竞争关系，也不能一味简单地要求避免任何层面上的同业竞争关系。在能够通过解释、说明的方式取得监管机构认可的情况下，可以避免花大量的精力去解决同业竞争的问题。

四、同业竞争的审核尺度

关于同业竞争问题在新三板挂牌审核过程中的审核尺度问题，目前应该要把握以下几个基本的理念：

1. 原则上只关注控股股东、实际控制人的同业竞争问题，对于其他股东以及关联方的同业竞争问题不会重点关注。

2. 尽管某些股东不是控股股东也没有被认定为实际控制人，但是该股东对公司的生产经营会有重大影响的，还是应该要重点核查同业竞争问题。

3. 如果同业竞争的发生有着特定历史背景且目前整合很困难，控股股东和实际控制人的同业竞争如果在短期内解决无法实现或者成本较高的情况下，在充分信息披露的情况下可以尝试，但是要详细说明目前整合存在障碍的原因，并对未来整合的可行性和预期有着明确的表述，可以允许在承诺的一段时间里逐步解决，不过时间不宜过长。

4. 对于亲属同业竞争问题，如果亲属双方控制企业没有历史关联往来且公司设立清晰明确，那么一般情况下不会成为挂牌新三板障碍。

5. 任何以各种股权调整或其他方式规避同业竞争问题的做法都是不应该允许的，在这种情况下将遵循“实质重于形式”的原则关注同业竞争问题。

五、规范思路

1. 将发起人所有与拟挂牌公司有同业竞争的资产全部重组到拟挂牌

公司。

2. 将发起人所拥有的与拟挂牌公司有同业竞争，但又不准备投入拟挂牌公司的资产转让，变卖给其他公司、企业，这主要是适用于这部分资产并不优良，不适合投入拟挂牌公司的情况。

3. 将发起人所拥有的与拟挂牌公司有同业竞争，但又不准备投入拟挂牌公司的资产托管给独立第三方。同时，控股股东、实际控制人还需出具关于避免同业竞争的承诺函。

4. 注销同业竞争公司。

5. 变更经营范围。

在采取以上方式后，为了保证公司挂牌申请能够顺利得到通过，证券商与律师往往帮助企业制订避免同业竞争协议或以承诺函的形式来要求发起人保证其与挂牌公司不构成同业竞争。

六、案例分析

（一）收购同业竞争公司消除同业竞争

北京威控科技股份有限公司，股票代码 430292，挂牌日期 2013 年 8 月 2 日，其补充法律意见书第五部分披露“关于无锡威控与本公司的业务相同问题”：经律师核查，2011 年 2 月 10 日，股东王某出资 100 万元设立无锡威控，无锡威控经营范围为智能家居技术开发、物联网技术应用、计算机软硬件的销售。律师认为，报告期内无锡威控与拟挂牌公司威控科技的业务基本相同，因无锡威控为控股股东王某所有的一人有限责任公司，故无锡威控与威控科技存在同业竞争。2012 年 6 月，威控科技将无锡威控收购为全资子公司，解决了同业竞争问题。

（二）转让股权消除同业竞争

华宿电气（430259）的控股股东上海研科在有限公司成立之前曾从事过电气火灾监控系统的生产和销售，但为避免同业竞争，从 2012 年开始，已不再从事电气火灾监控系统的生产和销售。2013 年 1 月 25 日，上海研科与其实际控制人余龙山出具了关于上海研科信息技术有限公司情况说明及股东承诺“上海研科拥有独立的管理机构和人员，与上海华宿之间不存在员工、机构、渠道等方面重叠。”

为了避免同业竞争，余龙山承诺：尽快将上海研科注销。为避免同业竞争，上海研科承诺：在上海研科注销之前，将不在中国境内外直接或间接从事或参与任何在商业上对上海华宿构成竞争的业务及活动。

公司控股股东、实际控制人余龙山将其持有的上海研科的全部股权作价人民币49.5万全部转让给自然人王晓宇，王晓宇与上海华宿电气股份有限公司不存在关联关系。双方在2013年5月26日签订了股权转让协议，同时上海研科股东会就股权转让事项作出决议同意转让，其他股东放弃有限购买权，并相应修改公司章程，上海研科新股东王晓宇已于2013年6月3日向余龙山支付完毕相关转让款，公司也于2013年5月31日向上海市青浦区工商行政管理局申请变更备案。上海研科与公司不存在同业竞争关系。

（三）注销关联公司消除同业竞争

金日创（430247）的控股股东、实际控制人付宏实控制的其他企业情况如下：北京金日创先科技有限公司注册资本50万元，其中自然人付宏实货币出资15万元，自然人王历文货币出资15万元，自然人李峰货币出资15万元，自然人李喜钢货币出资5万元。经营范围为技术开发、技术服务、技术转让；组织文化艺术交流活动；销售机械设备、电子产品、五金交电、化工产品。

北京金日创先科技有限公司的主营业务与拟挂牌公司金日创相似，均有自动化设备销售和系统集成，但报告期内其经营规模较小，对本公司无重大影响。为规范公司运营，避免同业竞争和关联交易，北京金日创先科技有限公司已于2012年9月通过决议，公司进行注销，并于当月在《新京报》上发布了注销公告，2013年4月5日，注销材料报送相关部门进行注销登记。

（四）划分业务专属行业解释不存在同业竞争

1. 广州恒大淘宝足球俱乐部股份有限公司拟挂牌新三板，其主要股东为恒大开曼和阿里巴巴，股转系统要求其对是否存在同业竞争进行说明。

恒大淘宝认为，公司主营业务为职业足球俱乐部运营，属于体育行业。恒大开曼经营范围主要涉及房地产开发、物业投资与管理、快速消费品等行业；阿里巴巴集团为一家互联网及电子商务公司，主要从事多元化的互联网业务经营，为市场参与者提供技术支持和服务。恒大开曼和阿里巴巴集团与公司的主营业务不存在重合的情形，恒大开曼与阿里巴巴集团均未在中国境内投资其他职业足球俱乐部，与公司不存在同业竞争。

2. 东软慧聚（430227）公司与控股股东东软集团下辖的 ERP 事业部的部分业务重合，都有 ERP 实施与运维服务业务，该部分业务存在潜在同业竞争关系。为解决此潜在竞争业务，也为规范集团内部经营范围，2009 年东软集团对公司和集团辖下的“ERP 事业部”（现已并入并成为“解决方案事业部”的部分业务内容）的目标市场进行了明确的划分，设定了各自业务的专属行业，其中：“ERP 事业部”负责石油、地铁、柴油机、重工、钢铁、家电等行业，北京东软慧聚信息技术有限公司负责烟草行业（包括工业、商业、物资及烟机设备配套企业）、电力行业（包括电网、发电企业）及“ERP 事业部”未涉及的其他行业。

由于 ERP 服务业务具有极强的行业特性，行业经验、技术、市场和人才壁垒较高，掌握这些技术、经验和能力无疑需要长期的积累和历练。目前，双方严格遵守行业划分，未产生实质上的同业竞争。

为彻底解决上述潜在的同业竞争问题，东软集团承诺在公司挂牌后把该部分存在潜在同业竞争的业务进行分拆、分批转让至公司，以彻底解决潜在的同业竞争问题。暂缓转让的主要原因为该部分业务存在一些优质客户，如何将这些资源顺利延续到公司，需要一定的时间以及较大的资金投入。因此，需等公司挂牌后进行融资以收购该部分业务。

除上述情况外，东软集团控制的企业与公司在烟草行业（包括工业、商业、物资及烟机设备配套企业）、电力行业（包括电网、发电企业）及以下行业（石油、地铁、柴油机、重工、钢铁、家电、汽车、医药）之外的 SAP ERP 及 ORACLEERP 咨询服务领域不存在同业竞争情况；公司与控股股东及其控制的企业、其他持股5%以上的主要股东之间不存在同业竞争情况。

（五）同业竞争承诺未履行，挂牌审查未通过

环资矿业公司经营铁精粉销售业务，其实际控制人苏木清旗下的公司金丰矿业同样从事此业务。苏木清承诺在2015年4月30日之前，将金丰矿业转让给其他无关联关系的第三方。但截至2015年8月，公司在股转系统未披露说明是否已经将金丰矿业转让给其他无关联关系的第三方，也未对该事项的进展情况进行披露。因此，股转系统不予挂牌。

§ 第六节　期间费用 §

一、期间费用概述

期间费用是指企业日常活动发生的不能计入特定核算对象的成本，而应计入发生当期损益的费用。期间费用是企业日常活动中发生的经济利益的流出。期间费用应在发生当期直接计入损益，并在利润表中分项目列示，包括管理费用、财务费用和销售费用等。

期间费用亦称期间成本，与一定期间相联系，直接从企业当期销售收入中扣除的费用。从企业的损益情况来看，期间费用与产品销售成本、产品销售税金及附加一起从产品销售收入中扣除后作为企业当期的营业利润。当期的期间费用是全额从当期损益中扣除的，其发生额不影响下一个会计期间。

二、常见问题

（一）将不应该记入期间费用的费用支出记入期间费用

某些企业在产品成本上有严格的要求，例如如果生产该种产品的平均成本大于某个数，有关负责人就要记过，或者受到批评。有的基层管理者，例如车间主任、分厂的厂长，就会将本来应该记入“生产成本”的一些费用支出记入期间费用，从而达到公司或者总厂的要求，免受处罚。

（二）任意扩大开支范围，提高开支标准

例如，将超标的业务招待费列入管理费用，或者将旅游费用列入销售费用，扩大折旧摊销额，缩短摊销期限等。

（三）虚列期间费用

有的员工或者管理者利用职务之便，将一些不属于期间费用的支出列入期间费用。例如将高档消费场所的消费支出记为“管理费用”，或者凭借假发票报销费用。这种情况之所以会发生是由于企业的内部控制有漏洞，使这些人有机可乘。

（四）用期间费用隐匿销售收入，并将资金占为己有

有的公司存在部分管理者和财务人员相勾结，将销售收入或者其他收入不记做“主营业务收入”“投资收益”或者“营业外收入”“其他业务收入”，而是将其记为期间费用，用这部分收入建立“小金库”或者私自占为己有。

三、案例分析

针对江苏欧佩日化股份有限公司报告期内毛利率持续大幅增长、净利润大幅波动，股转系统要求，主办券商、会计师核查毛利率、净利润及其波动是否合理，并针对公司报告期内营业成本和期间费用的各组成项目的划分归集是否合规、收入成本的配比关系是否合理发表意见。

主办券商、会计师首先分析了2013年度、2014年度、2015年1—4月的销售费用、管理费用、财务费用及其占营业收入比。2015年1—4月、2014年度，2013年度公司期间费用占营业收入比重合计分别为20.28%、18.06%和17.79%。费用占比逐期上升主要是根据市场行情，2014年新设了欧佩扬州分公司和江苏素问化妆品有限公司作为苏豪公司外部销售的内部供给单位，加强开发、生产力度。因机构的新设和人员增加，相应的成本费用有所增加。其中，销售费用与财务费用的增长与销售收入的增幅基本一致，管理费用的增幅较大。

同时，详列了销售费用、管理费用、财务费用明细。公司的销售费用主要是运费、职工薪酬、佣金、检验费、涉外费等。其中运费、职工薪酬、佣金这三项费用分别占到2015年1—4月、2014年度、2013年度销售费用总额的78.36%、78.59%、72.89%。2015年运费较2014年占比上升8.44%，因2015年度开拓北京、天津、成都、云南等20个国内市场，向各个新市场配送样品以及产品，因此销售运费有所增加。2015年度因部门人员调整，精简了销售部门，因此销售费用中职工薪酬有所下降。佣金是支付给出口外贸代理商的佣金，佣金比例一般为代理外贸业务的5%~8%，2015年1—4月，外贸代理业务额为144.08万美元，根据相关合同共计提佣金人民币32.99万元。2014年外贸代理业务额为426.11万美元，根据相关合同共计提佣金人民币200.72万元。2013年外贸代理业务额为372.33万美元，根据相关合同共计提佣金人民币132.43万元。

公司的管理费用主要是职工薪酬、租赁费、税费、业务招待费用等费用支出，其中职工薪酬占到2015年1—4月、2014年度、2013年度管理费用总额的59.37%、56.60%、62.91%。职工薪酬增长原因：因公司2014年新设了欧佩扬州分公司和江苏素问化妆品有限公司，以及2015年度部门调整，造成管理人员增加，相应增加了管理费用中的人工薪酬和业务招待费。租赁费增长原因：2014年增设欧佩扬州分公司和江苏素问化妆品有限公司，相应增加了2014年租赁费用22.5万元，2015年1—4月租赁费9.47万元。中介服务费增加主要2015年度公司确定了申报新三板的战略，因启动相关事项，聘请中介机构，因而增加的新三板挂牌所产生的各项服务费。

公司的财务费用主要为利息支出、利息收入和手续费等，财务费用支出主要是银行的和对关联方江苏苏豪集团股份有限公司利息支出。2015年1—4月、2014年度，2013年度公司期间费用占营业收入比重合计分别 20.28%、18.06%和 17.79%。财务费用中利息支出均是根据借款合同规定计息，不存在异常费用支出。

核查后，主办券商及会计师认为，公司报告期毛利率、净利润的波动是合理的，公司报告期内营业成本和期间费用的各组成项目的划分归集符合公司实际经营情况及企业会计准则的相关规定，报告期内收入、成本的配比关系合理。

§ 第七节　营业外收支 §

一、营业外收支概述

营业外收支是指与企业的业务经营无直接关系的收益和支出，又称营业外损益，是企业财务成果的组成部分。营业外收入的项目，主要有租金收入、没收逾期未退包装物的押金收入、应补产品价外补贴和无法支付的应付款项等。营业外支出的项目，主要有劳动保险费用、新产品试制失败损失、非常损失、呆帐损失等。

营业外收入是指企业确认的与其日常活动无直接关系的各项利得，其不需要与有关费用进行配比，主要包括非流动资产处置利得、政府补助、盘盈利得、捐赠利得、债务重组利得、税收返还等。

营业外支出是指企业发生的与其日常活动无直接关系的各项损失，主要包括非流动资产处置损失、公益性捐赠支出、盘亏损失、罚款支出、非货币性资产交换损失、债务重组损失。

二、存在的问题

1. 为做高利润，做多营业外收入，做少营业外支出；

2. 为逃避税收，做少营业外收入，做多营业外支出；
3. 营业外收入占净利润比例过高；
4. 营业外收入的可持续性存在不确定性；
5. 企业对营业外收入存在较大的依赖性。

三、案例分析

针对苏州浩辰软件股份有限公司的挂牌申请，股转系统要求其补充披露营业外收入的具体情况及其持续性，量化分析公司对其的依赖性。并请主办券商和申报会计师对上述事项，以及会计处理的合规性发表明确核查意见。

浩辰软件详细列示了营业外收入具体构成及计入非经常性损益的情况，并分析了公司营业外收入的持续性及其依赖性。其中，持续性分析如下：软件行业企业普遍存在着人力成本很高、原材料成本很低的情况，因此软件企业在按17%的比例缴纳增值税销项税后，仅有很少的进项税可以抵扣。针对软件企业这一实际情况，财政部、国家税务总局制定了软件产品增值税收返还的税收政策。根据《财政部、国家税务总局关于软件产品增值税政策的通知》（财税［2011］100号）的规定，公司销售自行开发生产的软件产品，按17%的法定税率征收增值税后，对其增值税实际税负超过3%的部分，即征即退。公司主营业务为销售自行开发的软件产品，而公司收到的增值税税收返还是由公司的主营业务——软件销售业务所产生的，与公司正常经营密切相关。由此可以判断，随着公司主营业务的持续开展，公司的增值税税收返还是可以持续取得的。2012年、2013年、2014年，公司收到的政府补助金额分别为6,721,980.73万元、3,372,355.05万元及3,196,193.49万元，呈逐年下降趋势，主要系公司经过多年的经营发展已经形成了一定业务规模并取得了较高的市场知名度，故最近两年政府给予公司的扶持奖励类补助有所减少。公司未来几年收到的政府补助将更多是与研发项目相关的补助，鉴于公司未来对于研发项目仍会有持续性投入，且国家政策对于软件行业仍将保持较大力度的扶持政策，因此相应取得的政府补助也将是可持续的。

依赖性分析如下：2014 年、2013 年、2012 年度营业收入分别为，61,212,171.36 61 元、747,212.82 元、54,190,095.65 元，增值税税收返还为 7,489,427.06 元、5,608,909.55 元、5,303,429.77 元，根据《公开发行证券的公司信息披露解释性公告第 1 号——非经常性损益》（中国证券监督管理委员会公告〔2008〕43 号），与公司正常经营业务密切相关，符合国家政策规定、按照一定标准定额或定量持续享受的政府补助不应作为非经常性损益进行处理，因此公司收到的增值税收返还应划归为公司的经常性损益，且该部分收入实际来源于公司自身由于行业特点所多缴纳的增值税，公司对该项收入不存在所谓的依赖性。报告期内，公司政府补助收入占当年净利润的比重较高，主要是由于一方面政府对于软件行业整体扶持力度相对于其他行业较高，政府补助绝对金额较大；另一方面，公司各项费用支出较高，降低了公司的净利润水平，使得政府补助相对较大，针对这一问题，公司已在报告期内通过各项措施加强了成本控制。公司具有独立完整的业务体系及独立面向市场的经营能力，且营业收入已形成一定规模并处于持续增长趋势，未来 CAD 市场长期趋势看好，行业需求稳定且盈利空间较大，不会形成对政府补助的重大依赖。

增值税税收返还部分，浩辰软件依据收款凭证与相关的增值税退税文件进行核对并确认，按照当月实际收到的增值税返还的时点一次性计入当期损益，以借记货币资金，贷记营业外收入的方式进行会计处理。

政府补助部分分两类，一是企业扶持奖励，按照收款凭证与相关的政府批文进行核对并确认，按照实际收款时点一次性计入当期损益。以借记货币资金，贷记营业外收入的方式进行会计处理。二是研发项目补助，按照收款凭证与相关的政府批文、项目任务书进行核对并确认，在收款后确认为递延收益，并在确认相关费用的期间，计入当期损益，收到拨款时，借记货币资金，贷记其他非流动负债—递延收益；结转损益时，借记其他非流动负债—递延收益，贷记营业外收入。

经过核查，主办券商与会计师认为，公司的营业外收入具有一定持续性，公司对营业外收入不存在重大依赖，会计处理符合准则规定、依据充分、时点准确。

§ 第八节 税收 §

一、税收概述

税（又称税赋、税金、税收、赋税、税捐、捐税、租税）是指政府依照法律规定，对个人或组织无偿征收实物或货币的总称。

二、常见问题及规范办法

股转系统要求拟挂牌公司合法合规纳税，由于我国存在税制不尽合理、税负过重、执法不严等宏观外在因素，以及企业税务管理岗位薄弱、制度建设长期缺失和逃税冲动等内在因素，拟挂牌公司在常因税务诱发的历史问题常成为很多企业挂牌中的“绊脚石”。与此同时，一些企业挂牌成为“公众”公司后，由于涉税事项处理的不规范，也会受到主管税务机关乃至监管机构的处罚，对企业发展造成不利影响。

（一）发票不合规

不合规发票入账的历史遗留问题还是在挂牌后出现的发票问题，都有可能招致处罚，尤其是“营改增”后，增值税专用发票引发的“刑事风险”无论对公司高管还是公司本身，都具有不可估计的破坏力。

对策：加强公司内部发票的规范性管理，尤其在开具、接收过程中，严格按照发票管理的程序，重点审核“账”“票”的一致性。

（二）转增股本时，个人所得税缴纳不完全

“股改”过程中，个人股东将累积的盈余公积、未分配利润转增股本，未按照规定缴纳个人所得税。

对策：按照税法规定，该情形下应视同进行利润分配，需要按照20%的税率缴纳个人所得税。

（三）个人以非货币性资产投资未缴纳个人所得税

个人股东以无形资产等非货币性资产投资入股，没有缴纳个人所得税，且已经按照一定年限对无形资产进行了摊销。

对策：根据《关于个人非货币性资产投资有关个人所得税政策的通知》（财税【2015】41号文），个人以非货币性资产投资，属于个人转让非货币性资产和投资同时发生。对个人转让非货币性资产的所得，应按照“财产转让所得”项目，依法计算缴纳个人所得税。个人以非货币性资产投资，应按评估后的公允价值确认非货币性资产转让收入。非货币性资产转让收入减除该资产原值及合理税费后的余额为应纳税所得额。

（四）以不合理交易价格，试图降低税负

部分企业利用关联企业之间的“税负差”转移利润，实现降低税负的目的。

对策：关联交易应按照企业所得税以及特别纳税调整的规定，提交留存相关资料，以证明定价的合理性。

（五）特殊性税务处理未进行备案

企业在进行重组中，适用了特殊性的税务处理，却没有按照规定到主管机关进行备案。

对策：选择特殊税务处理应按《关于企业重组业务企业所得税处理若干问题的通知》（财税［2009］59号）第11条规定备案；如企业重组各方需要税务机关确认，可以选择由重组主导方可向税务机关申请，层报省级税务机关确认。

（六）整体改制中的契税、营业税、土增税问题

企业在整体改制中，涉及到大量资产的转让行为，没有按照税法规定缴纳相应的契税、营业税、土地增值税等。

对策：依照税法规定，纳税人在资产重组过程中，通过合并、分立、出售、置换等方式，将全部或者部分实物资产以及与其相关联的债权、债务和劳动力一并转让给其他单位和个人的行为，不属于营业税征收范围，其中涉及的不动产、土地使用权转让，不征收营业税。根据《关于企业改制重组有关土地增值税政策的通知》（财税〔2015〕5号），符合条件的四种情况暂不征收土地增值税。

（七）消除同业竞争，未进行税务注销

企业挂牌新三板前，为了消除同业竞争问题，对部分公司进行了注销，却没有进行税务注销。

对策：企业应该按照规定，及时进行税务注销，进而进行工商注销，从法律上消灭主体资格。

（八）税收迁移问题

企业为了享受区域性的税收优惠，实施了税收迁移，但是企业法人营业执照、实际办公地址、税务登记证存在不一致的情形。

对策：企业应该尽快按照工商、税务部门的要求，实现营业执照、税务登记等的一致性。

（九）税务优惠资格存疑

企业取得税收优惠资格（如高新技术企业等）后，管理不规范，没有按规定提交相应的备案等材料。

对策：挂牌前，企业已经取得的税收优惠资格，比如高新技术企业、双软企业等，应该符合国家相关法律、文件的要求，获得相应的批准，进行备案，以保证税收优惠资格的有效性。

（十）存在欠税问题

挂牌前，公司存在欠缴税款行为。

对策：及时申报缴纳税款是企业的应尽义务，如果企业因为特定的原因不能及时缴纳税款，可以按照规定申请延期缴纳税款，否则，会受到相应的行政制裁，并会成为挂牌新三板的障碍。

（十一）存在补税行为

部分企业挂牌前为了提高的账面利润，调增利润，从而补交税款，还有因为会计差错补交税款。

对策：企业挂牌前补交大量税款，需要有合理的说明，否则会构成挂牌新三板的障碍因素。而对于因会计差错，补交少量的税款，一般不会影响新三板挂牌。

（十二）存在逃税行为

公司在以往的经营过程中存在偷逃税的行为。

对策：具有主观故意的偷逃税行为，会构成“新三板”审核中的实质性障碍，应避免偷逃税的发生。

（十三）因涉税事项被税务机关处罚

企业因为违法相关税法规定，被税务机关行政处罚。

对策：应判断处罚行为是否构成重大违法违规行为，具体需要结合主观方面、涉案的金额等作出判断，由律师出具法律意见书，税务机关出具证明。

（十四）其他涉嫌税收重大违法违规行为

因其他涉税事项受到税务机关的行政处罚。

对策：需要结合具体的情形，作出是否构成重大违法违规的判断，并由律师出具法律意见，税务机关出具证明材料。

（十五）存在税务争议

公司在挂牌过程中，与税务机关存在税务争议。

对策：与发达国家相比，我国的税收立法层级较低，上位法简单，包容性小，在税收征管中大量部门规章、内部规范性文件在实际发挥作用，由此带来税务机关执法的自由裁量权过大。另一方面，从实践中看，一些违背税法原理、侵害纳税人合法权益的案例时有发生。如果企业的合法权益确实受到侵害，可以寻求专业税务律师的帮助，通过专业的税法分析和有效的沟通化解争议。

（十六）股权激励涉税事项不合规

股权激励计划中，没有按照税法规定缴纳代扣代缴个人所得税，或者实施了过于激进的税务筹划方案。

对策：依据目前我国税收政策，股权激励应适用个人所得税“工资薪金”的税目，公司应代扣代缴个人所得税。税务筹划需要有相应的商业目的，需要有相应的证明材料，否则会按照实质课税的原则，而被纳税调整。

（十七）个人股东股权转让未及时申报缴纳个人所得税

公司个人股东发生的股转转让等行为，没有按照税法的规定及时缴纳个人所得税。

对策：2014 年 12 月 7 日，国家税务总局发布了《股权转让所得个人所得税管理办法（试行）》（国税总局公告 2014 年第 67 号）并自 2015 年 1 月 1 日起施行，按照 67 号文规定，当股权转让协议签订生效后，纳税义务即产生，而无论此时是否已经收到股权转让款。此时扣缴义务人和纳税人应当在次月 15 日内向主管机关申报纳税。

（十八）资本交易的税务风险

股权交易中的历史遗留税务问题，缺少筹划背景下税负成本阻碍交易的进行；没有及时按规定申报纳税；间接股权转让被纳税调整等等。

对策：资本交易涉及金额巨大，隐藏的税务风险众多，从 2011 年以来，资本交易一直是国家税务总局公布的“指令性”稽查项目，尤其是 2015 年一季度，全国税务部门组织税收收入 27121 亿元（已扣减出口退税），比上年同期仅增长 3.4%。据悉，国家税务总局将于今年 5 月份发起针对金融行业的税务大检查。具体应对包括三个方面：第一，在进行重大资本交易前应做税务尽职调查；第二，应事前对交易的架构和方式进行税务筹划；第三，应提高日常税务风险管理意识和水平。

（十九）股权转让印花税

企业或个人转让股权未按照要求缴纳印花税。

对策：与企业股东的处理一致，自 2014 年 6 月 1 日起，在全国中小企业股份转让系统买卖、继承、赠与股票所书立的股权转让书据，依书立时实际成交金额，由出让方按 1‰的税率计算缴纳证券（股票）交易印花税。

三、案例分析

案例

某公司为系统集成企业，其中软件产品享受实际税负超过 3% 的部分即征即退的优惠政策。但公司申报退税的计算过程与法定的退税计算过程存在差异，导致2014年度多申报退税，存在被税务部门处罚的风险。

公司承诺2015年度开始严格按照法定的计算发放申报退税，并与税务局进行沟通，税务机关表示不予追究。主办券商与律师发表意见，认为其不构成挂牌的实际障碍。

案例

广州恒大淘宝足球俱乐部股份有限公司于整体变更前与各关联主体补充签署了广告发布合同。针对这一情况，股转系统要求公司说明并补充披露补充签署广告发布合同的依据，是否取得了发票等原始凭证，相关税款是否补缴，并请主办券商及会计师核查并发表意见。

恒大淘宝答复称，有限公司阶段，公司对关联方、关联交易的界定和理解不够充分，当时并未确认对关联方的广告收入。整体变更前，公司对有限公司阶段的关联广告交易进行了追认，并以市场价格为参考基准，与各关联主体补充签署了广告发布合同。公司已根据广告发布情况、补充签署的广告合同内容及约定金额，于本次申报基准日（2015年5月31日）前，向各关联方开具了发票，并根据权责发生制原则相应确认了报告期内各期间的营业收入，公司同时补提了相应的应交增值税等税金或附加。截至反馈时，上述广告业务款项均已收回，相关的增值税、城建税、教育费附加及文化事业建设费等税款均已于2015年6月向主管税务机关补缴完毕。

主办券商会同会计师核查了公司提供的广告投放记录、补充签署的广告发布合同、销售发票、应收账款回款记录、电子缴税回单等相关原始单据。会计师认为上述关联方交易均已按国家规定开出发票并缴交税款。主办券商认为上述关联方交易均已按国家规定开出发票并缴交税款。

案例

2013年3月，优尼科有限公司类型变为中外合资的有限责任公司。同年12月，优尼科有限公司类型变更成为内资企业。股转系统要求其公司补充披露公司在中外合资企业期间所享受的税收优惠情况，以及转为内资企业涉及优惠税收的补缴情况。请主办券商和律师就以下问题进行核查并发表明确意见：公司是否按照规定补缴公司作为外资企业期间所享受的税收优惠。

公司认为，自2008年1月1日后，《中华人民共和国外商投资企业和外国企业所得税法实施细则》失效，依法在中国境内成立的企业统一适用《中华人民共和国企业所得税法实施条例》，适用企业所得税的税率应为25%。2013年4月1日，公司性质变更为中外合资经营企业后，企业所得税税率为25%，与内资企业适用税率一致，不存在税收优惠。

主办券商及推荐律师认为，公司作为中外合资经营企业期间，并未享受税收优惠，因此不用补缴税款。

第五章

信息披露对财务的要求

§ 第一节 新三板以信息披露为核心 §

一、信息披露重要性的理论分析

信息披露主要是指（拟）挂牌公司以公开转让说明书、推荐报告、公告书以及定期报告和临时报告等形式，把公司及与公司相关的信息，向投资者和社会公众公开披露的行为。

新三板信息披露是新三板挂牌公司向投资者和社会公众全面沟通信息的桥梁。投资者和社会公众对上市公司信息的获取，主要是通过大众媒体阅读各类临时公告和定期报告。投资者和社会公众在获取这些信息后，可以作为投资抉择的主要依据。真实、全面、及时、充分地进行信息披露至关重要，只有这样，才能对那些持价值投资理念的投资者真正有帮助。

主板、创业板在发行方面有很多限制性条件，证监会发审会决定企业能否公开发行股份，相当于证监会为企业作了背书。新三板服务于中小微企业，其类型多元、形态多样，盈利水平参差不齐，其改变条件限制的思路，不对企业质量把关，不替投资人选择企业，准入条件不设财务门槛，不盈利企业也可挂牌，但要求信息披露，把企业的遴选和价值判断真正交给市场。新三板推行主办券商制度持续督导制度，让中介机构发挥更大的作用，把信息披露的压力传导给以主办券商为主的中介机构，确保这个市场的质量。

全国股转公司对会计信息的披露有着严格要求。第一，企业必须要聘请具备从业资格的会计师做审计，其要遵守会计准则。第二，中介在做调查的时候，需要更专业，因为这个市场以信息披露核心，所以许多问题不能简单地区分为符合条件或不符合条件，而是要说明是什么情况、有什么影响、有什么风险，分析的依据是什么。因此，相比于主板的保荐，新三板推荐可能会做得更深入、更专业。第三，新三板市场要求证券公司提高其定价能力，而会计信息是定价的基础。

在新三板上，不确定性和风险性是影响挂牌公司股票价格的重要因素。由于信息的获取可以改变对证券不确定性和风险的评价，从而信息对新三板挂牌公司股票的价格发现和价格均衡也就具有直接作用和决定性意义。从本质上看，新三板是一个信息市场，市场的运行过程也是信息的处理过程，真是信息在指引着资金流向个挂牌公司和个经济实体部门，从而实现新三板的资本配置功能。市场效率的关键问题是如何提高信息的充分性、准确性和对称性。一个成功的新三板市场之建立和发展，必须依赖于市场对投资者利益的切实保护和投资者对市场的信心。因此，监管机构强制性地要求新三板挂牌公司将所有相关信息公之于众，以应对新三板中欺诈行为和内幕交易等市场失灵现象，改善市场中客观存在的不公平竞争状态。无论是从理论的角度还是实践的层面看，信息在新三板运作和功能发挥过程中都处于关键地位，信息披露的充分与否、及时与否、准确与否直接决定了市场的有效性和有效程度。

二、政策文件关于信息披露的规定

2013 年底，国务院发布《关于全国中小企业股份转让系统有关问题的决定》是关于新三板市场发展的最高层级的文件。文件明确指出，但在新三板挂牌的企业须履行信息披露义务，所披露的信息应当真实、准确、完整。

新三板挂牌公司是非上市公众公司的最主要组成部分。《非上市公众公司监督管理办法》是中国证监会颁布的部门行政规章，于 2013 年 12 月 26 日修改颁布，其第三条对非上市公众公司的信息披露义务做了原则性规定：“公众公司应当按照法律、行政法规、本办法和公司章程的规定……履行信息披露义务。”同时《非上市公众公司监督管理办法》专列一章（第三章）（详见附录 5 – 1）对“信息披露”进行了详细的规定：

第二十条规定："公司及其他信息披露义务人应当按照法律、行政法规和中国证监会的规定，真实、准确、完整、及时地披露信息，不得有虚假记载、误导性陈述或者重大遗漏。公司及其他信息披露义务人应当向所有投资者同时公开披露信息。公司的董事、监事、高级管理人员应当忠实、勤勉地履行职责，保证公司披露信息的真实、准确、完整、及时。"第二十四条："证券公司、律师事务所、会计师事务所及其他证券服务机构出具的文件和其他有关的重要文件应当作为备查文件，予以披露。"第三十一条："公司应当配合为其提供服务的证券公司及律师事务所、会计师事务所等证券服务机构的工作，按要求提供所需资料，不得要求证券公司、证券服务机构出具与客观事实不符的文件或者阻碍其工作。"

为规范非上市公众公司信息披露行为，中国证监会于 2013 年 1 月 4 日公布《非上市公众公司监管指引第 1 号——信息披露》（证监会公告［2013］1 号）（详见中国证监会官网），这是中国证监会 2013 年的 1 号行政规范性文件，可见监管部门对新三板挂牌公司信息披露之重视。该文件规定了新三板挂牌公司应该在公开转让说明书、定向发行说明书或者定向转让说明书中披露的内容，主要包括如下三个方面：一是公司基本信息、股本和股东情况、公司治理情况；二是公司主要业务、产品或者服务及公司所属行业；三是报告期内的财务报表、审计报告。该文要求信息披露西部真实、准确、完整，不存在虚假记载、误导性陈述或者重大遗漏。该文还对信息披露的平台作出要求："非上市公众公司应当本着股东能及时、便捷获得公司信息的原则，并结合自身实际情况，自主选择一种或者多种信息披露平台，如非上市公众公司信息披露网站（nlpc. csrc. gov. cn）、公共媒体或者公司网站，也可以选择公司章程约定的方式或者股东认可的其他方式。无论采取何种信息披露方式，均应当经股东大会审议通过。股票在依法设立的证券交易场所公开转让的非上市公众公司，应当通过证券交易场所要求的平台披露信息。"从当前运行的实际情况来看，新三板挂牌公司信息均披露在全国中小企业股份转让系统的官网上（http：//www. neeq. cc/index）。

从 2013 年 12 月 26 日至 2014 年 9 月 19 日，中国证监会先后发布八条《非上市公众公司信息披露内容与格式准则（详见中国证监会、股转系统官网），分别对公开转让说明书、公开转让股票申请文件、定向发行说明书和发行情况报告书、定向发行申请文件、权益变动报告书、收购报告书和要约收购报告书、重大资产重组报告书、定向发行优先股说明书和发行情况报告书、定向发行优先股申请文件等需公开披露的文件进行了详细规定。

2013 年 2 月 8 日，股转系统发布《全国中小企业股份转让系统挂牌公司信息披露细则（试行）》（详见股转系统官网），明确必须披露的文件包括定期报告（年度报告、半年度报告）、临时报告、董事会、监事会和股东大会决议、关联交易、以及其他重大事件。除上述重要信息需要披露外，挂牌公司还需注意如下问题：1. 及时、公平地披露所有对公司股票及其他证券品种转让价格可能产生较大影响的信息，俗称“重大信息”。2. 制定信息披露事务管理制度，经董事会审议后及时向股转系统报备并披露。3. 将董事会秘书或信息披露事务负责人的任职及职业经历向全国股份转让系统公司报备并披露，发生变更时亦同。上述人员离职无人接替或因故不能履行职责时，公司董事会应当及时指定一名高级管理人员负责信息披露事务并披露。4. 挂牌时向股转系统报备董事、监事及高级管理人员的任职、职业经历及持有挂牌公司股票情况。5. 有新任董事、监事及高级管理人员或上述报备事项发生变化的，挂牌公司应当在两个转让日内将最新资料向全国股份转让系统公司报备。6. 公司披露重大信息之前，应当经主办券商审查，公司不得披露未经主办券商审查的重大信息。7. 挂牌公司在其他媒体披露信息的时间不得早于指定披露平台的披露时间。8. 公司董事会认为某事件对股票价格可能产生较大影响的，应当及时披露。主办券商在信息披露中应注意如下问题：1. 应当指导和督促所推荐挂牌公司规范履行信息披露义务，对其信息披露文件进行事前审查。2. 发现拟披露的信息或已披露信息存在任何错误、遗漏或者误导的，或者发现存在应当披露而未披露事项的，应要求挂牌公司进行更正或补充。挂牌公司拒不更正或补充的，主办券商应当在两个转让日内发布风险揭示公告并向股转系统报告。这是关于新三板挂牌公司信息披露非常重要的一份文件，应注意研读。

三、股转系统领导关于信息披露的论述

（一）以信息披露为核心是资本市场坚持市场化方向的重要特征

新三板市场实行备案制，监管机构不再对申请挂牌的公司进行实质审查，不对企业盈利背书，而是要求挂牌公司真实、准确、完整地披露信息。投资者据此作出决策判断，通过新三板市场自由交易证券。事实上，市场主体已将此视为注册制。2013 年 9 月，在杭州市政府联合主办的“2013 创新中国秋季盛会”上，股转系统董事长杨晓嘉强调了信息披露的重要性，“新三板”挂牌准入和上市都体现在信息披露的真实性基础上，在信息披露的基础上，投资者自行承担风险。2014 年 10 月，杨晓嘉在“2014 金融街论坛之对话全国股转系统”分论坛上表示，新三板市场对挂牌企业不设财务门槛，完全以信息披露为核心，这是新三板区别于主板市场最大的特点。2013 年 9 月，股转系统总经理谢庚在第二届金融街论坛上表示，股转系统侧重于站在市场的角度对信息披露提出要求：“让挂牌公司充分披露，让投资人根据披露的信息自己去做出投资决策。相应的在监管上，采取持续的披露方式。在披露内容上，不是从监管的视角构建披露内容，而是注重从市场的视角，投资人希望看什么，我们就怎么去构造信息披露的文件，多从市场的角度去看问题、想问题。”谢庚在中信证券举办的 2015 新三板高峰论坛上称，新三板没有财务门槛要求，很好地提升了市场的包容度，盈利的、亏损的公司都可以来，各种商业模式的只要你能说清楚你在干什么，你的资源要素是什么，盈利模式是什么，只要能说清楚就行，审查是不做取舍的，不因为存在这样那样的问题决定是否能挂牌，审查中提出的所有问题都通过披露方式解决。

（二）信息披露有助于解决信息不对称问题

2015 年 5 月，杨晓嘉在 2015 清华五道口全球金融论坛上发布演讲，认为中小企业融资难主要难在两点上：一个是信息不对称，就是投融资需求没有一个全国性的公开信息了解平台；二是价格谈不拢，因为股权

融资难点在于定价。新三板恰恰具备这两个本质的功能，通过源源不断挂牌公司信息披露，让投资者了解中小微企业的信息，同时通过公开转让和交易实现对中小企业的估值和定价。

（三）股转系统监管的重点是信息披露的真实性、准确性、完整性

由于大多数投资者只能依据公开披露的信息决定自己的投资行为，因此，信息披露的质量成为新三板市场的生命线。谢庚在《证券时报》举办的2014年“投行创造价值”高峰论坛上明确表示新三板是建立在信息披露基础上的市场，其信息披露的真实性、准确性、完整性尤为重要。因此，股转系统对挂牌企业虚假披露、误导性披露要零容忍。谢庚认为，信息披露文件的任何不规范都会影响信息披露的质量，这就是证券融资中投行持续督导的一个很重要特点，要保证信息披露内容的规范性，不断提升质量。

§ 第二节 首次披露 §

一、首次披露概述

股转系统实行申请材料电子化报送，材料一经受理，即对外披露，申请挂牌企业、主办券商及相关中介机构就要为报送材料负责。简言之，申报即披露，披露即担责。因此，拟挂牌企业及推荐机构在提交材料前，必须仔细核实，确保材料的真实性、完整性、准确性。申请申请挂牌新三板的公司应在股转系统指定信息披露平台（www. neeq. com. cn 或 www. neeq. cc）披露相关文件。

申请挂牌公司和全体董事、监事、高级管理人员需承诺公开转让说明书不存在虚假记载、误导性陈述或重大遗漏，并对真实性、准确性、完整性承担个别和连带的法律责任。

主办券商需对公开转让说明书进行核查，确认不存在虚假记载、误导性陈述或重大遗漏，并对其真实性、准确性和完整性承担相应的法律责任。

会计师、律师、评估师需对公开转让说明书中引用的其审计报告、法律意见书、资产评估报告（如有）的内容进行核查，确认公开转让说明书不致因上述内容而出现虚假记载、误导性陈述或重大遗漏，并对其真实性、准确性和完整性承担相应的法律责任。

同时，上述各方须对其提供的其他申报文件的真实性、准确性和完整性承担相应的法律责任。

二、挂牌企业首次披露所需材料

1. 公开转让说明书；
2. 财务报表及审计报告；
3. 补充审计期间的财务报表及审计报告（如有）；
4. 法律意见书；
5. 补充法律意见书（如有）；
6. 公司章程；
7. 主办券商推荐报告；
8. 定向发行情况报告书（如有）；
9. 全国股份转让系统公司同意挂牌的函；
10. 中国证监会核准文件（如有）；
11. 其他公告文件。

其中上述 1、2、3、8 与会计密切相关，下面分而述之。

（一）公开转让说明书

公开转让说明书的编写要求详见《全国中小企业股份转让系统公开转让说明书内容格式与指引（试行）》。主要编写原则和注意事项有：在公开转让说明书中披露的所有信息应真实、准确、完整，不得有虚假记载、误导性陈述或重大遗漏。公开转让说明书的编制和披露应便于投资者理解和判断，符合下列一般要求：

（1）通俗易懂、言简意赅。要切合公司具体情况，用词要符合社会公众的认知习惯，对有特定含义的专业术语应作出释义。为避免重复，可采用相互引证的方法，对相关部分进行合理的技术处理。

（2）表述客观、逻辑清晰。不得有夸大性、广告性、诋毁性的词句。可采用图形、表格、图片等较为直观的方式进行披露。

（3）业务、产品（服务）、行业等方面的统计口径应前后一致。

（4）引用的数字采用阿拉伯数字，货币金额除特别说明外，指人民币金额，并以元、万元、亿元为单位。

公开转让说明书的编写内容主要有六大部分，包括公司基本情况、公司业务、公司治理、公司财务、有关声明和附件。凡对投资者投资决策有重大影响的信息，均应披露。

（二）财务报表及审计报告

新三板财务信息方面只需披露资产负债表、利润表主要的项目附注，同时鼓励挂牌的企业多披露些更充分的信息。申请挂牌公司应按照《企业会计准则》的规定编制并披露最近两年及一期（如有）的财务报表，在所有重大方面公允反映公司财务状况、经营成果和现金流量，并由注册会计师出具无保留意见的审计报告。编制合并报表的，应同时披露合并财务报表和母公司财务报表。

申请挂牌公司应披露财务报表的编制基础、合并财务报表范围及变化情况。

申请挂牌公司应披露会计师事务所的审计意见类型。财务报表被出具带强调事项段的无保留审计意见的，应全文披露审计报告正文以及董事会、监事会和注册会计师对强调事项的详细说明。

（三）补充审计期间的财务报表及审计报告（如有）

企业申报材料中的财务报表有效期为6个月，如超过6个月，企业则要补充财务报表及审计报告。

（四）定向发行情况报告书

对于挂牌同时股票发行备案文件，全国股份转让系统公司尚未单独制定有关指引，可以参照《全国中小企业股份转让系统股票发行业务指引第 1 号备案文件的内容与格式（试行)》和《全国中小企业股份转让系统股票发行业务指引第 2 号—股票发行方案及发行情况报告书的内容与格式（试行)》开展相关业务。

但挂牌同时股票发行备案材料的最低要求，应至少包括：(1) 股票发行情况报告书；(2) 公司关于股票发行的董事会决议；(3) 公司关于股票发行的股东大会决议；(4) 主办券商关于股票发行合法合规性意见；(5) 股票发行法律意见书；(6) 本次股票发行的验资报告、缴款凭证或者其他证明出资到位的文件等。其中，关键的财务数据是股票发行数量和发行价格。

总体而言，全国股份转让系统公司对申报文件的制作要求详见《全国中小企业股份转让系统挂牌申请文件内容与格式指引（试行)》（详见股转系统官网)，要求：申请文件需要为原件，不能提供原件的，需要律师鉴证，保证与原件一致。申请文件所有需要签名处，均应为签名人亲笔签名，不得以名章、签名章等代替。申请文件应有企业、券商以及其他中介机构的联系人，申请文件章与章之间、章与节之间应有明显的分隔标识，文件中的页码应与目录中的页码相符。

三、首次信息披露基本流程

挂牌审查电子化报送系统已正式上线，所有挂牌申请材料包括挂牌并发行、反馈回复、归档等，必须通过挂牌审查系统进行报送，并由受理窗口在线上进行受理确认。申请挂牌公司将不需专程前来北京进行挂牌申请材料的报送，通过设在主办券商的远程端口即能实现挂牌申请材料的上报、反馈意见的接收、反馈意见回复以及归档等审查程序。

电子化报送材料过程中需要注意以下问题：

(1) 必须认真对待并准确完整填写报送信息，尤其是基本信息、财务信息、中介机构信息等表格；申报材料电子版文件须经过签字、盖章，并扫描签字盖章页（PDF 版本必须彩色扫描），与纸质文件具备同等法律效力。

(2) 报送的申请挂牌文件需按照《全国中小企业股份转让系统挂牌申请文件内容与格式指引》中规定的申请文件目录进行制作。

(3) 上传的电子文件应包括 Word、PDF 版本各一套。其中，需要披露文件的 Word 版本除签字盖章页为图片扫描外，其余部分均应为可编辑状态，文字命名方式应为“公司全称 + 申请文件对应目录名”，如：XXX 股份有限公司公开转让说明书。

(4) 单个文件大小应不超过 20MB。

全国股份转让系统的挂牌审查电子化系统已正式上线，将不再接收纸质版文件。

§ 第三节 半年报、年报信息披露——以财务信息为中心 §

一、总体要求

半年报、年报均属定期报告，挂牌公司应在每个会计年度的上半年结束之日起两个月内披露半年度报告，也即在每年 8 月 31 日前完成年报信息披露。应当在每个会计年度结束之日起四个月内编制并披露年度报告，也即在 4 月 30 日前完成年报信息披露。挂牌公司董事会应当确保公司定期报告按时披露。董事会因故无法对定期报告形成决议的，应当以董事会公告的方式披露，说明具体原因和存在的风险。公司不得以董事、高级管理人员对定期报告内容有异议为由不按时披露。公司不得披露未经董事会审议通过的定期报告。

一般来讲，财务信息是半年报、年报中最为重要的信息。挂牌公司半年报、年报中的财务报告必须经具有证券、期货相关业务资格的会计师事务所审计。挂牌公司不得随意变更会计师事务所，如确需变更的，应当由董事会审议后提交股东大会审议。

挂牌公司应当在定期报告披露前及时向主办券商送达如下文件：1. 定期报告全文、摘要（如有）；2. 审计报告（如适用）；3. 董事会、监事会决议及其公告文稿；4. 公司董事、高级管理人员的书面确认意见及监事会的书面审核意见；5. 按照全国股份转让系统公司要求制作的定期报告和财务数据的电子文件。

市场最为关注的仍然是企业财务数据。因此，当挂牌公司财务报告被出具否定意见或者无法表示意见的审计报告或经审计的期末净资产为负值时，主办券商被要求最迟在披露前一个转让日向股转系统报告。

当挂牌公司财务报告被注册会计师出具非标准审计意见的，公司在向主办券商送达定期报告的同时应当提交下列文件：1. 董事会针对该审计意见涉及事项所做的专项说明，审议此专项说明的董事会决议以及决议所依据的材料；2. 监事会对董事会有关说明的意见和相关决议；3. 负责审计的会计师事务所及注册会计师出具的专项说明，其应当包含如下内容；（1）出具非标准审计意见的依据和理由；（2）非标准审计意见涉及事项对报告期公司财务状况和经营成果的影响；（3）非标准审计意见涉及事项是否违反企业会计准则及其相关信息披露规范性规定。

二、半年报、年报信息披露存在的一般问题

1. 格式不对；
2. 数据遗漏；
3. 数据造假；
4. 披露不及时；
5. 部分信息前后矛盾；
6. 信披中提及的承诺未履行；
7. 信息披露避重就轻；
8. 信息披露不完整。

三、案例分析

1. 关联方有关事宜披露不完整。挂牌公司蓝天环保总经理潘忠为公司控股股东，在蓝天环保申请挂牌时，同时担任金大地新能源（天津）集团有限公司（简称“金大地”）总裁，由于未如实提供个人兼职信息，导致金大地未被认定为蓝天环保关联方，且挂牌后蓝天环保与金大地发生委托采购、资金借款事宜，上述交易没有经过公司内部有效决策程序，且未披露。2014 年 5 月，蓝天环保因关联方披露不完整、关联交易未经内部决策程序且未披露，关联方资金占用未披露，被要求提交书面承诺；潘忠兼职信息披露不完整，应对公司关联方披露不完整、关联交易与关联方资金占用未按关联方事宜决策及披露承担主要责任，被约见谈话、要求提交书面承诺。

2. 公司控股股东或实际控制人违规占用公司资金未信息披露。如泰谷生物。泰谷生物控股股东、实际控制人、董事长兼总经理曹典军于 2013 年 12 月向公司借款 1031.63 万元，用于偿还个人贷款，构成控股股东违规占用公司资金。经主办券商督促，曹典军于 2014 年 5 月 21 日偿还全部本金和利息。曹典军这一行为违反了《全国中小企业股份转让系统业务规则（试行）》第 4.1.4 条的规定。同时，作为公司控股股东、实际控制人、董事长兼总经理，曹典军对泰谷生物公司治理不规范、内部控制薄弱负有重要责任。因此，股转系统对其给予了通报批评的纪律处分措施，并记入诚信档案。资金占用行为发生至 2014 年 4 月 28 日期间，公司未履行信息披露义务。2014 年 8 月，泰谷生物对于公司高管被采取强制措施及公司控股股东占用资金等重大事项，未履行信息披露义务，被出具警示函；段传武作为公司董事会秘书及财务总监，未能恪尽职守、履行勤勉义务，对泰谷生物信息披露违规、控股股东违规占用资金等违规行为负有相应责任，被出具警示函；主办券商山西证券被约见谈话。

3. 未按照规定披露半年度报告、年度报告。如中试电力等 4 家公司，未能按照有关规定披露 2014 年半年度报告。聚利科技等 19 家未能按照有关规定披露2015年半年度报告。可来博等22家未能按照有关规定披露2014年年度报告。

4. 年报披露使用未经会计师事务所正式出具的审计报告。如可来博2013年年报披露使用未经会计师事务所正式出具的审计报告。该公司在2013年年度报告中所披露的审计报告为会计师事务所提供的审计报告初稿，欠缺注册会计师签字、会计师事务所盖章，且落款日期与会计师事务所正式出具的版本不一致。因此，可来博2013年年报披露使用未经会计师事务所正式出具的审计报告的行为违反了《非上市公众公司监督管理办法》《全国中小企业股份转让系统挂牌公司信息披露细则（试行）》相关规定。据此，股转系统对可来博及其董事长、董事会秘书、财务负责人一并采取通报批评的纪律处分措施；对可来博其他7名董事、监事采取出具警示函的监管措施。作为主办券商，东方花旗未对可来博披露临时公告的董事会公章进行核查；在可来博未提交会计师事务所正式出具的审计报告的情况下为其进行信息披露，对于该行为未及时报告或发布风险警示公告。鉴于以上违规事实，股转系统对东方花旗采取约见谈话的监管措施。此外，对中审亚太会计师实务所采取约见谈话的监管措施。

5. 年报信息披露不完整。如中试电力。在2014年年报披露期间，湖北中试电力科技股份有限公司年报遗漏审计报告正文和附注。巨灵信息等19家挂牌公司2014年年报遗漏财务报表附注，定期报告披露存在重大遗漏。2015年8月，公司被出具警示函，主办券商被要求提交书面承诺，董事会秘书被出具警示函。

6. 未在规定时间内披露季度报告。挂牌公司可选择是否披露季报，如披露季度报告，公司应当在每个会计年度前三个月、九个月结束后的一个月内披露季度报告。挂牌公司一季报应在当年4月30日前披露完毕。大树智能、中润油、盖特佳和七维航测等4家公司迟至2015年7月，才披露了2015年第一季度财务报告。2015年8月、9月，4家公司及其主办券商均被约见谈话。

7. 未按固定披露会计差错更正信息。会计差错是企业会计比较常见的一个问题。新三板信息披露要求，会计差错更正必须进行信息披露。挂牌公司凯英信业因“未及时更正2012年年度报告、未按规定披露会计差错更正应披露信息”，被股转系统采取自律监管措施，出具警示函、要求提交书面承诺；其主办券商齐鲁证券因“未能履行持续督导职责”被约见谈话、要求提交书面承诺；负责审计的中审国际被约见谈话。2014年3月，挂牌公司斯福泰克同样因为未按规定披露会计差错更正信息，被出具警示函、要求提交书面承诺。

8. 财务信息披露不准确。2014年7月7日，挂牌公司中控智联被要求“约见谈话、要求提交书面承诺”，违规行为主要在于2012年年报中财务数据与审计报告数据存在多处不一致，信息披露不准确且未及时更正。同时，闫晓华作为中控智联董事会秘书，负责公司信息披露管理事务，未能恪尽职守、履行勤勉义务，对中控智联信息披露违规行为负有相应责任，被采取约见谈话。中原证券作为中控智联主办券商，未能督促其规范履行信息披露义务，未能尽职对信息披露文件进行事先审查，未勤勉尽责，被采取约见谈话。

第六章

新三板企业融资

企业的融资方式有两类，债权融资和股权融资。所谓股权融资是指企业的股东愿意让出部分企业所有权，通过企业增资的方式引进新的股东的融资方式。股权融资所获得的资金，企业无须还本付息，但新股东将与老股东同样分享企业的赢利与增长。股权融资的特点决定了其用途的广泛性，既可以充实企业的营运资金，也可以用于企业的投资活动；债权融资是指企业通过借钱的方式进行融资，债权融资所获得的资金，企业首先要承担资金的利息，另外在借款到期后要向债权人偿还资金的本金。债权融资的特点决定了其用途主要是解决企业营运资金短缺的问题，而不是用于资本项下的开支。

§ 第一节　挂牌前股权融资 §

一、挂牌前的股权融资

挂牌前股权融资可实现如下目标：

1. 增加资本金；
2. 引入战略投资者；
3. 分散股权；
4. 实施员工激励。

二、案例分析

江苏驰翔精密齿轮股份有限公司挂牌前股权融资

公司成立于2002 年4 月24 日，自成立以来历次增资情况如下：

1. 设立。2002 年4 月，周业刚、王俊红共同出资设立盐城驰翔。盐城驰翔注册资本100 万元，周业刚认缴并以货币出资80 万元，王俊红认缴并以货币出资20 万元。2002 年4 月18 日，江苏正道会计师事务所有限公司对上述出资进行了审验并出具了“苏正验字［2002］第040 号”《验资报告》。2002 年4 月24 日，盐城驰翔完成了工商设立登记并取得了注册号为3209002200919 的营业执照。

2. 2003 年4 月第一次增资。2003 年4 月10 日，盐城驰翔股东会通过决议，同意新增注册资本200 万元，由周请主办券商、律师、会计师根据《关于新修〈公司法〉施行后挂牌条件及其指引调整情况的公告》规定，说明股东是否按公司章程规定出资、制作核查出资工作底稿及取得出资证明文件（包括但不限于验资报告、打款凭证）等情况，并就公司股东出资是否真实、缴足发表明确意见。

3. 2004 年10 月第二次增资。2004 年10 月10 日，盐城驰翔股东会通过决议，同意新增注册资本200 万元，由周业刚新增注册资本102 万元，王俊红新增注册资本98 万元，注册资本由300 万元增至500 万元。2004 年10 月12 日，盐城中博华联合会计师事务所对上述增资进行了审验并出具了“盐中博华验［2004］139 号”《验资报告》。2004 年10 月13 日，盐城驰翔完成了上述增资的工商变更登记并换领了营业执照。

4. 2008 年4 月第三次增资。2008 年3 月31 日，驰翔有限股东会通过决议，同意新增注册资本501 万元，由周业刚以货币出资255. 51 万元，王俊红以货币出资245. 49 万元，注册资本由500 万元增至1,001 万元。2008 年4 月1 日，盐城众正会计师事务所有限公司对上述增资进行了审验并出具了“盐众正验字［2008］183 号”《验资报告》。2008 年4 月7 日，驰翔有限完成了上述增资的工商变更登记并换领了注册号为320928000028373 的营业执照。

5. 2010 年7 月第四次增资。2010 年7 月10 日，驰翔有限股东会通过决议，同意新增注册资本1,000 万元，由周业刚以货币出资510 万元，王俊红以货币出资490 万元，注册资本由1,001 万元增至2,001 万元。2010

年7月13日，盐城德顺会计师事务所对上述增资进行了审验并出具了“盐德顺所验字［2010］第186号”《验资报告》。2010月7月13日，驰翔有限完成了上述增资并换领了营业执照。

6. 2013年1月第五次增资。2012年12月22日，驰翔有限股东会通过决议，同意江苏华兴将其持有的138.95万元出资额转让给许慧，同意新增注册资本205.5391万元，由余海龙以货币1,350.00万元认缴148.9414万元出资额，由储德喜以货币293.00万元认缴56.5977万元出资额，驰翔有限注册资本由2,001万元增至2,206.5391万元。2013年1月15日，盐城安顺会计师事务所对上述增资进行了审验并出具了“盐安顺验字［2013］第35号”《验资报告》。2013月1月15日，驰翔有限完成了上述增资及股权转让的工商变更登记并换领了营业执照。

§ 第二节　新三板公司股权融资 §

一、股票发行主要政策

新三板股票发行实行备案制，股东人数为200人以下的，发行材料在股转系统备案，股东人数为200人以上的，经中国证监会核准后，在股转系统备案。

（一）发行对象

《非上市公众公司监督管理办法》明确规定发行对象包括向特定对象发行股票导致股东超过200人，以及股东人数超过200人的公众公司向特定对象发行股票两种情形。范围包括：（1）公司股东；（2）公司的董事、监事、高级管理人员、核心员工；（3）符合投资者适当性管理规定的自然人投资者、法人投资者及其他经济组织。投资者合计不得超过35名（核心员工的认定，由公司董事会提名，并向全体员工公示和征求意见，由监事会发表明确意见后，经股东大会审议批准）。

（二）发行方式：

可自行选择在挂牌前、挂牌同时、挂牌后发行股票，可发行普通股，也可按照相关规定发行优先股、可转债、私募债等。

《全国中小企业股份转让系统关于股票发行情况报告书必备内容的规定》就股票发行情况报告书中有关发行基本情况做出了明确的规定：

1. 公司应当与发行对象签订包函风险揭示条款的认购协议；

2. 公司董事会应当依法就本次股票发行的具体方案作出决议，并提请股东大会批准，股东大会决议必须经出席会议的股东所持表决权的2/3以上通过；

3. 发行情况应包括本次发行股票的数量、发行价格、发行对象情况及认购股份数量等；

4. 发行对象用非现金资产认购发行股票的，还应当说明交易对手是否为关联方、标的资产审计情况或资产评估情况、董事会关于资产定价合理性的讨论与分析等；

5. 非现金资产应当经过具有证券、期货相关业务资格的会计师事务所、资产评估机构审计或评估。非现金资产若为股权资产，应当提供会计师事务所出具的标的资产最近一年一期的审计报告，审计截止日距审议该交易事项的股东大会召开日不得超过六个月；非现金资产若为股权以外的其他非现金资产，应当提供资产评估事务所出具的评估报告，评估基准日距审计该交易事项的股东大会召开日不得超过一年；

6. 资产交易价格以经过审计的账面价值为依据的，挂牌公司董事会应当结合相关资产的盈利能力说明定价的公允性；

7. 资产交易根据资产评估定价，在评估机构出具资产报告后，挂牌公司董事会应当对评估机构的独立性、评估假设前提和评估结论的合理性、评估方法的适用性、主要参数的合理性、未来收益预测的谨慎性等问题发表意见。

发行前后相关情况对比应至少包括：

1. 发行前后前十名股东持股数量、持股比例及股票限售等比较情况；

2. 发行前后股本结构、股东人数、资产结构、公司控制权、董事、监事和高级管理人员持股的变动情况；

3. 发行前后主要财务指标变化。最近两年主要财务指标、定向发行完成后按总股本计算的每股收益等指标的变化情况；

4. 以资产认购发行股份的，发行后挂牌公司债务或者或者或有负债的变化；

5. 发行对象承诺对其认购股票进行转让限制的，定向发行情况报告书应披露本次定向发行新增股份限售的安排；

6. 定向发行情况报告书应对现有股东优先认购做出明确安排。

定向发行情况报告书应披露主办券商关于本次发行过程和发行对象合法合规性的意见。内容至少包括：

1. 挂牌公司是否符合《非上市公众公司监督管理办法》中豁免申请核准定向发行的情况；

2. 发行对象是否符合中国证监会及全国股份转让系统公司关于投资者适当性制度的有关规定；

3. 发行过程及结果合法合规性说明；

4. 发行相关合同等法律文件合规性的说明；

5. 现有股东优先认购安排是否保障了现有股东的合法权利；

6. 以资产认购发行股份的，应说明标的资产是否存在重大法律瑕疵，涉及资产转让或者其他后续事项的，应说明办理资产过户或者其他后续事项的程序、期限、并提示因资产瑕疵导致不能过户等法律风险；

7. 律师认为需要说明的其他事项。

申请向特定对象发行股票导致股东累计超过 200 人的股份有限公司，董事会和股东大会决议中还应当包括以下内容：

1. 按照中国证监会的相关规定修改公司章程；

2. 按照法律、行政法规和公司章程的规定建立健全公司治理机制；

3. 履行信息披露义务，按照相关规定披露定向发行说明书、发行情况报告书、年度报告、半年度报告及其他信息披露内容。

（三）发行程序

公司申请定向发行股票，可申请一次核准，分期发行。自中国证监会予以核准之日起，公司应当在 3 个月内首期发行，剩余数量应当在 12 个月内发行完毕。超过核准文件限定的有效期未发行的，须重新经中国证监会核准后方可发行。首期发行数量应当不少于总发行数量的 50%，剩余各期发行的数量由公司自行确定，每期发行后 5 个工作日内将发行情况报中国证监会备案。

（四）豁免申请

公众公司向特定对象发行股票后股东累计不超过200 人的，或者公众公司在 12 个月内发行股票累计融资额低于公司净资产的 20% 的，豁免向中国证监会申请核准。

二、市场分析与调查报告

挂牌公司股票发行统计表

时间	完成股票发行				拟发行情况（月末数据）			
	次数	股票数量（亿股）	募集金额（亿元）	均价（元）	次数	股票数量（亿股）	募集金额（亿元）	均价（元）
2012 年累计	24	1. 92	8. 55	4. 44				
2013 年累计	60	2. 92	10. 02	3. 43				
2014 年累计	329	26. 52	132. 09	4. 98				
2015 年 1 月	67	2. 44	14. 90	6. 01	201	31. 28	78. 84	2. 52
2015 年 2 月	52	2. 56	13. 82	5. 40	222	33. 11	83. 09	2. 51
2015 年 3 月	97	7. 02	49. 42	7. 04	333	25. 20	169. 49	6. 73
2015 年 4 月	115	26. 09	54. 34	2. 08	281	33. 46	101. 46	3. 03
2015 年 5 月	151	10. 62	89. 35	8. 42	420	43. 21	188. 15	4. 35
2015 年 6 月	260	16. 74	95. 64	5. 71	827	79. 84	583. 59	7. 31
2015 年 7 月	321	34. 95	144. 01	4. 12	717	76. 67	597. 70	7. 80
2015 年 8 月	370	27. 80	168. 53	6. 06	730	81. 03	670. 10	8. 27
2015 年 9 月	287	33. 05	116. 96	3. 54	701	72. 70	496. 11	6. 82
2015 年 10 月	264	24. 14	149. 33	6. 19	716	74. 01	518. 15	7. 00
2015 年累计	1984	185. 40	896. 30	4. 83				

三、新三板股票发行需要注意的几个问题

（一）发行方案发布时间、备案时间

发布定向发行方案时间：建议定向发行方案经董事会审议通过后，与董事会决议同时公告。向全国股转系统备案时间：建议挂牌公司在定向发行的验资完成后10个转让日内，向全国股转系统服务窗口报送挂牌公司定向发行股份备案登记表及相应备案材料。

（二）定向发行完成备案需向股转系统提交中国结算出具的股份登记证明文件

中国结算出具的股份登记证明文件指新增股份登记确认书、非上市公司股本结构表、证券持有人名册。挂牌公司应将加盖公司公章的上述文件复印件交至股转系统以完成备案

（三）发行情况报告书发布时间

挂牌公司应在新增股份预登记的次一个转让日公布定向发行情况报告书和定向发行股票挂牌转让公告。定向发行股票挂牌转让公告应明确挂牌转让日。

（四）发行情况报告应包含的内容

根据《关于定向发行情况报告书必备内容的规定》第3条之规定，定向发行情况报告书至少应包括以下内容：

1. 挂牌公司符合豁免申请核准定向发行情形的说明；
2. 本次发行的基本情况；
3. 发行前后相关情况对比；
4. 新增股份限售安排（如有）；
5. 现有股东优先认购安排；
6. 主办券商关于本次发行合法合规性的意见；
7. 律师事务所关于本次发行过程及发行对象合法合规性的意见；
8. 挂牌公司全体董事、主办券商以及律师事务所等相关中介机构的

声明。

（五）合格投资者的具体要求

1. 公司股东；

2. 公司的董事、监事、高级管理人员、核心员工；

3. 注册资本500万元人民币以上的法人机构；

4. 实缴出资总额500万元人民币以上的合伙企业。

5. 合格自然人投资者（投资者本人名下前一交易日日终证券类资产市值500万元人民币以上；具有两年以上证券投资经验，或具有会计、金融、投资、财经等相关专业背景或培训经历）。

根据《投资者适当性管理细则（试行）》第4条之规定，集合信托计划、证券投资基金、银行理财产品、证券公司资产管理计划，以及由金融机构或者相关监管部门认可的其他机构管理的金融产品或资产，可以申请参与挂牌公司股票公开转让。

（六）定向发行对象的数量限制

依据《非上市公众公司监督管理办法》第36条之规定，除公司原股东之外，每次定向发行，发行对象为公司董事、监事、高级管理人员、核心员工，以及符合投资者适当性管理规定的自然人投资者、法人投资者、其他经济组织的，合计不得超过35人。

（七）定向发行对象为外资企业的情形

全国股转系统原则上对此没有限制性规定，但引入外资企业应符合国家有关部门对行业准入、外汇等相关规定。

（八）境外机构和外国人直接参与定向增发及交易的情形，外资股东如何办理开具股票交易账户

全国股转系统是经国务院批准设立的全国性证券交易场所，所有符合《合格境外机构投资者境内证券投资管理办法》和《人民币合格境外机构投资者境内证券投资试点办法》规定的合格境外机构投资者（QFII）和人民币合格境外机构投资者（RQFII）均可参与。外资股东办理证券账户应遵照中国证券登记结算有限责任公司《关于外国战略投资者开立A股证券账户等有关问题的通知》。

（九）合伙企业能否参与认购挂牌公司定向发行的股份

在符合投资者适当性的前提下，可以参与认购。

四、股票发行操作实务

①确定发行对象，签订认购协议；②董事会就定增方案作出决议，提交股东大会通过；③证监会审核并核准；④发行；⑤披露发行情况报告书。

发行后股东不超过 200 人或者 1 年内股票融资总额低于净资产 20% 的公司可豁免向中国证监会申请核准。这种情况下的流程如下：

（1）决议：董事会就定向发行方案及方案的重大调整等事项作出决议，提交股东大会通过；

（2）发行与认购：包括发行方式、披露认购公告、认购与缴款；

（3）验资：认购完成后，挂牌公司应当按照相关规定，办理验资手续；

（4）提交申请备案文件：挂牌公司应当在股票发行验资完成后的 10 个转让日内，向全国股份转让系统公司提交登记表和相关文件；

（5）形式审查：全国股份转让系统公司对提交的文件进行审查，发送与回复问题清单等；

（6）出具股份登记函：全国股份转让系统公司对文件形式审查后出具股份登记函，送达公司并送交中国证券登记结算有限责任公司和主办券商；

（7）登记与公告：挂牌公司持股份登记函在中国证券登记结算有限责任公司办理股份登记后，披露相关公告；

（8）备案：挂牌公司将股权登记证明及此前提交的其他备案材料一起交中国证监会归档；

（9）公开转让：本次股票发行中无限售条件和无锁定承诺的股份按照挂牌转让公告中安排的时间在全国股份转让系统公开转让。

详见下图

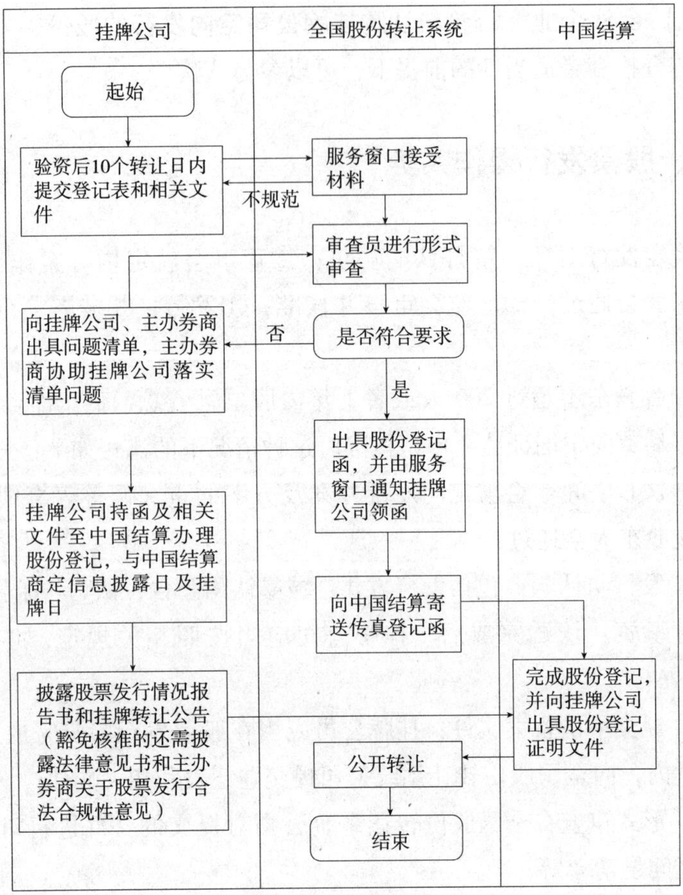

股票发行流程

五、案例分析

案例

赛孚制药股票发行分析

2015 年 7 月 24 日发布股票发行方案，方案主要分 6 部分：

1. 公司基本情况

2. 发行计划

(1) 发行目的

本次定向发行将用于补充公司运营所需流动资金和子公司天津力孚生物科技有限公司的建设。

(2) 发行对象以及现有股东优先认购安排

a. 现有股东优先认购安排

公司股权登记日（2015 年 7 月 31 日）在册股东不享有优先认购权，与新增投资者一起进行询价认购。

本次股票发行对象为股权登记日在册股东和不超过 35 名符合《全国中小企业股份转让系统投资者适当性管理细则（试行)》要求的新增合格投资者。

如果公司董事、监事、高级管理人员参与本次定向发行的认购，需与其他投资者一起进行询价认购。

b. 本次定向发行对象为符合投资者适当性管理规定的自然人投资者、法人投资者及其他经济组织。

c. 发行对象的选择

公司本次计划在新增股东不超过 35 名，总股东累计人数不超过 200 名投资者的情况下发行不超过 384 万股无限售条件人民币普通，募集不超过 1536 万元人民币，发行价格不低于 3. 6 元/股，不高于 4 元/股。本次发行将采取公开询价的方式，上述符合投资者适当性管理规定的认购者可根据意向书内容向公司申报认购的价格和数量，由公司董事会根据按照价格优先的原则，综合考虑认购数量、认购对象的类型以及与公司未来发展契合度，确定发行对象、发行价格和发行股数。本次发行采取现金认购的方式。本次定向发行完成后公司股东累计将不超过 200 名，符合《非上市公众公司监督管理办法》第四十五条规定的豁免情形。

d. 新增投资者认购安排。新增投资者应于指定日期（缴款日）前将认购资金存入公司指定账户。

(3) 发行价格及定价方法

本次定向发行的价格为不低于3.6元/股，不高于4元/股，每股面值1元，溢价计入公司资本公积。根据公司在股转系统公司信息披露平台发布的2014年年报，公司2014年归属于挂牌公司股东的净资产为29,385,995.05元，归属于挂牌公司股东的每股净资产1.12元。自做市以来，市场对公司股票预期良好，公司于2015年7月24日召开公司第二届第五次董事会，会议前20个交易日的均价为5.99元/股。本次定向发行综合考虑了公司所处行业、成长性、每股净资产、市盈率等因素，并与投资者询价后确定发行价格。

(4) 发行股份数量或数量上限，预计募集资金总额

本次拟发行股票的种类为人民币普通股。公司本次计划在新增股东不超过35名，总股东累计人数不超过200名投资者的前提下发行不超过384万股，募集资金不超过1,536万元，发行价格不低于3.6元/股，不高于4元/股。

(5) 公司分红派息、转增股份及其对公司价格的影响

在董事会决议日至股份认购股权登记日期间，公司预计不会发生除权、除息不需对发行数量和发行价格进行相应调整。公司自设立以来未发生分红派息、转增股本等行为。

(6) 本次发行股票的限售安排

本次定向发行的新增股份登记在中国证券登记结算有限公司。公司董事、监事、高级管理人员所持新增股份初将按照《公司法》《业务规则》及其他相关规定进行转让外，同时董事、监事、高级管理人员自愿承诺本次认购股份将锁定6个月。除此之外，其余认购人所认购股份均为无限售条件的人民币普通股，可以一次性进入全国中小企业股份转让系统进行公开转让，其余认购人无自愿锁定承诺。

(7) 募集资金用途

本次募集资金用于补充公司流动资金和子公司天津力孚生物科技有限公司的建设。

(8) 本次发行前滚存未分配利润的处置方案

本次发行前滚存未分配利润由新老股东共享。

(9) 本次定向发行拟提交股东大会批准或授权事项

涉及本次股票发行的定向发行方案、关于授权董事会全权办理本次定向发行工作相关事宜的议案等尚需股东大会批准授权。

(10) 本次定向发行涉及主管部门审批、核准或备案事项情况

本次定向发行后，公司股东人数不会超过200人。因此，本次股票发行完成后需要向全国中小企业股份转让系统有限责任公司备案，不涉及其他主管部门的审批、核准事项。

3. 董事会关于本次定向发行对公司影响的讨论分析

(1) 本次定向发行对申请人经营管理的影响

本次发行前后公司控股东及实际制人不变，本次发行不会导致公司控制权发生改变。本次定向发行完成后，公司所募集的资金用于补充公司流动资金和子公司天津力孚生物科技有限公司的建设，缓解资金压力，公司股本、净资产、每股净资产等财务指标有一定程度提高，资产负债率下降，从而进一步增强公司抵御财务风险的能力，满足公司未来业务发展的需要，从而保障公司经营的持续发展。

(2) 本次定向发行后申请人财务状况、盈利能力及现金流量的变动情况

本次发行后公司的总资产及净资产规模均有提升，并将改善公司的现金流量，为公司各项业务的快速、稳健、可持续发展奠定资本基础，促进公司进一步实现规模扩张和业务开展，有利于增强公司盈能力和增长公司利润。根据公司发布的2014年年报，公司2014年末的资产负债率57.84%，经营活动产生的现金流量净额为-470,534.73元，本次发行后将缓解公司流动资金的压力，使公司财务结构更趋稳健，提升公司整体经营能力。

(3) 公司与控股股东及其关联人之间的业务关系、管理关系、关联交易及同业竞争等变化情况

本次发行前后，公司的控股股东及实际控制人未发生变化，本次发

行不会导致公司控制权发生改变。业务关系方面，公司自主经营，业务结构完整，有独立的业务经营模式与体系。管理关系方面，公司股东通过股东大会、提名并选举董事人选等方式依法行使出资人权利，不存在超越股东大会直接、间接干预公司的决策和经营活动之情形。关联交易方面，除公司章程、股东大会议事规则、董事会议事规则对关联交易决策程序作出规定外，公司还专门制定了关联交易管理制度，严格规范关联交易行为，以确保关联交易行为不损害公司全体股东及公司客户的利益。报告期内公司与关联方之间的关联交易均系日常经营活动需要产生，均按照一般商业条款和正常的业务程序进行。公司与关联方之间的关联交易对公司财务状况和经营成果影响较小。同业竞争方面，公司的实际控制人杜海月在公司挂牌时签署“避免同业竞争承诺”，自挂牌至今承诺人严格履行承诺，未在公司外部从事与公司主营业务相同或相似的经营活动。

(4) 本次发行后，公司股本、净资产等财务指标将有所提高，对其他股东权益有一定的积极影响。同时，公司资产负债率将有所下降，有利于缓解公司流动资金的压力，使公司财务结构更趋稳健，提升公司整体经营能力

(5) 与本次发行相关特有风险的说明

本次发行不存在其他特有风险。

4. 其他需要披露的重大事项

公司不存在权益被股东及其关联方严重损害且尚未消除的情形；不存在公司及其附属公司违规对外提供担保且尚未解除的情形；不存在现任董事、监事、高级管理人员最近24个月内受到过中国证监会行政处罚（指被处以罚款以上行政处罚的行为。被处以罚款的行为，除主办券商和律师能依法合理说明或处罚机关认定该行为不属于重大违法违规行为的外，都应当披露）或者最近12个月内受到过全国股份转让系统公司公开谴责的情形；公司不存在其他严重损害股东合法权益或者社会公共利益的情形。

5. 本次定向发行相关中介机构信息（略）

6. 公司全体董事、监事、高级管理人员声明

2015 年 10 月 14 日，赛孚制药发布股票发行情况报告书，主办券商山西证券发布合法合规性意见，律师事务所发布合法合规法律意见书，赛孚制药发布新增股份在全国股份转让系统挂牌并公开转让的提示性公告。2015 年 10 月 19 日，新增股份在全国股份转让系统挂牌并公开转让，至此，赛孚制药股份定向发行顺利完成。

案例

新三板优先股第一家

2015 年 9 月 22 日，全国股转系统发布优先股业务相关规则，优先股制度正式落地新三板。新三板此次出台的优先股相关规则包括业务指引与三个业务指南，其中业务指引对优先股发行、转让、信息披露等相关业务流程作了详细规定，业务指南 分别就发行备案和申请办理挂牌的文件与程序、主办券商推荐工作报告的内容与格式、法律意见书的内容与格式等三部分内容做出了说明。业务指引发布后，发行人可按相关规定发行优先股，但由于 业务指引 中“转让服务”规则的实施涉及系统开发、测试以及市场参与各方的技术衔接，“转让服务”部分的具体实施时间尚未公布。

11 月 2 日晚间，主要从事面向“三农”发放小额贷款等业务的鑫庄农贷（830958）公告，公司拟采取非公开发行的方式，向合格投资者发行不超过 220 万股优先股，每股票面金额为 100 元，计划融资规模不超过 2.2 亿元。

鑫庄农贷此次非公开发行可以采取一次核准、分次发行的方式。不同次发行的优先股除票面股息率外，其他条款均相同。每次发行对象不得超过 200 人，且相同条款优先股的发行对象累计不得超过 200 人。可以不稀释原有股东股权，又可以让优先股股东拿到固定收益，公司也可以到期赎回这些股份优先股采用分阶段调整的股息率，自缴款截止日起每五年为一个计息周期，每个计息周期内股息率相同。票面股息率包括基准利率和固定溢价两个部分，其中固定溢价以本次发行时确定的票面股

息率扣除发行时的基准利率后确定，一经确定不再调整。

鑫庄农贷表示，此次优先股所募集资金将在扣除发行费用后，全部用于补充其他一级资本，提高公司资本充足率。

§ 第三节　新三板公司债权融资 §

一、新三板企业债权融资优势

（一）中小微企业债权融资困境

1. 中小企业规模小，综合素质低，抗风险能力弱。我国中小企业发展时间较短，产业结构不合理，自身存在许多不规范的地方，特别是许多中小企业盲目跟风的结果，低水平重复建设的较多。另外，我国的许多中小企业大部分是劳动密集型产业，员工素质不高，没有自身的核心技术，而且大部分是家族式企业，没有建立起规范有效的管理机制，内部运作混乱，经营效益低下。自从我国加入世界贸易组织以后，许多外国产品或者外资企业纷纷进驻我国，抢占我国市场。由于外国企业发展时间比较长，管理比较规范，而且拥有先进的经验技术，自身产品的成本很低，定价也比较低，使得我国土生土长的中小企业失去了原来的优势。这就导致了许多中小企业的极易破产，经营风险较高，不容易让银行等金融机构产生信任。

2. 中小企业财务状况不透明，不利于银行等金融机构的监管。由于中小企业难以吸引高水平的财务管理人员，无法建立科学合理有序的资金管理体制，所以中小企业在资金的使用上存在许多漏洞，许多中小企业至今仍没有编制过资产负债表、现金流量表、利润表等可以合理反映自身经营水平的报表。同时中小企业在资金的使用上也缺乏规划，许多中小企业实行家长式管理，使得资金的使用效率低、风险高。也正因为中小企业使用不规范的财务报表，资金使用一人说了算，所以中小企业的账目极易作假，银行等金融机构无法通过其账面数据获得反映企业经营状况的有效信息，增加了银行等金融机构对企业财务信息的审查难度。加之中小企业之间的业务往来大多直接使用现金交易，没有有效的凭证，使得银行等金融机构的监管难度进一步加大，出于自身利益考虑银行等金融机构就不愿意向中小企业放贷。

3. 中小企业的优质资产中可以用来进行抵押担保的比较少。银行等金融机构规定企业贷款时必须要以优质的固定资产进行抵押，这是银行等金融机构出于降低自身风险考虑所做的要求。而我国的许多中小企业恰好缺乏可用于抵押的优质资产，即使有适合抵押的优质资产也存在着产权不清晰等问题，使得我国的中小企业很难符合银行抵押贷款的条件。同时，对于担保贷款，银行等金融机构规定只有信用等级在 A 级以上的企业才有资格担保。在我国信用等级在 A 级以上的中小企业很少，所以中小企业之间无法相互担保。中小企业要想获得担保贷款必须寻求大企业的帮助。大企业出于自身利益的考虑，一般不愿意为经营风险较高的不熟悉的中小企业作担保，或者即使勉强担保了也会收取高昂的担保费用，这就大大加大了中小企业的融资成本。

4. 银行对中小企业普遍存在着“惜贷”现象。银行对中小企业惜贷现象的产生原因是多方面的：一是由于银行等金融机构无论对任何企业放贷都要经过一系列的程序，包括对企业的信用进行评级、综合分析企业的财务状况、形成调查报告和交由委员会审查等。而中小企业的贷款金额小、时间急、频率高，使得银行等金融机构对中小企业放贷要比大型企业放贷成本高很多。二是因为自从东南亚以及美国金融危机以后，我国人民银行加大了对我国银行不良资产率等的监管，要求各银行在实际操作中形成的不良贷款要自已负担。这使得各银行加强了各自的风险控制，采取更加谨慎的态度对待中小企业的贷款。三是由于历史原因，中小企业的作用长期得不到重视，银行中存在对中小企业的歧视现象。

5. 我国小型金融机构发展不健全，无法满足中小企业的融资需求。

我国的城市商业银行等小型金融机构的服务目标就是立足地方，立足中小企业。但是他们在满足中小企业资金需求方面大打折扣，一是因为小型金融机构的发展历史比较短，我国对传统国有银行比较重视，而忽视了对小型金融机构的扶持。二是因为国有商业银行在信贷市场的占有率比较高，几乎到了垄断的地位，限制了小型金融机构的贷款能力。三是由于我国历史上曾经对各自商业银行的经营范围进行过划分，地方性小型金融机构在当地拥有相当的客户资源，使得小型金融机构自身也不愿主动改革以适应中小企业日益增长的融资需求。

6. 政府对中小企业的投入比较少。我国原来实行计划经济体制，改革开放以后随着市场放开中小企业才开始发展起来，这就使得传统上政府对大型国有企业重视有余而对中小企业重视不足。另外，我国对证券市场和股票市场监管严重，出台了一系列政策来规范这两个市场，大大打消了中小企业通过发行证券和股票来融资的积极性。

（二）股转系统债权融资安排

1. 股权质押贷款融资

股权质押又称股权质权，是指出质人以其所拥有的公司股权作为质押标的物而设立的质押。按照目前世界上大多数国家有关担保的法律制度的规定，质押以其标的物为标准，可分为动产质押和权利质押。股权质押就属于权利质押的一种。股权质押的主体包括出质人和质权人。在股权质押过程中，出质人按照一定的法律程序将其拥有的公司股权收益权让渡给交易对手方——质权人。相应地，质权人支付事先约定的、一般不超过股权的收益权价值的对价。因此，在股权质押完成后，出质人通过设立、让渡股权标的物获得质权人对价而成为债务人，质权人成为债权人，并以质押股权作为其债务的担保物权。股权质押在质押期间，出质人作为公司股东的身份不变，未经出质人公司其他股东同意，质权人不得转让出质股权；未经质权人同意，出质投资者不得将已出质的股权转让或再质押。

在现实中，广大中小微型企业，虽然成长性较好，但是资产相对较少，没有抵押物，很难从银行贷款，发展受到限制。因此，通过股权质押进行融资是一条很好的途径。但是，股权质押贷款的风险主要在于股权价值难以评估，且无法预料股权的保值性，所以，公司股权的价值如何评估，怎样体现变得很重要。

中小微型企业上市很难，而挂牌新三板就容易得多。企业挂牌新三板实现了股权的两大重要功能，即标准化和可流动性。这就可以让市场对公司股票进行定价和估值了，解决了银行股权质押最为头痛的问题。另外，公司挂牌新三板受到主办券商的督导、市场自律的监管，还可以享受平台给企业提供的诸多好处，也相当于给银行做股权质押贷款提供了变相的担保，所以，企业挂牌新三板不仅使其具备了向银行申请质押股票贷款的融资条件，还会提升其银行授信额度。

根据全国股转系统公司的《常见问答二》：挂牌前，拟挂牌公司可依法办理股权质押贷款，须履行必要内部决议程序，签署书面质押合同，办理工商登记手续，只要不存在股权纠纷和其他争议，原则上不会影响其挂牌。挂牌后，挂牌公司也可依法办理股权质押贷款，但须按照中国证券登记结算有限责任公司的要求，办理股票质押手续。

实际操作中，银行评估挂牌新三板公司的股份分三种情况：一是挂牌公司进行过定向发行，那么发行的时候有一个定价，有了定价就按照市价和净资产孰低的原则来定。二是公司没有定向增发，但有过交易，可以按照交易的价格确定。三是公司在股改的时候同时挂牌，在平台上没有交易价格，那么它贷款的时候只能以净资产打折来估值。

银行规避风险有一整套事前、事中和事后的风险管理机制，比如事前对公司资质审查，进行综合评估，事中进行跟踪监控等。当然，如果公司出现极端情况如不能支付本息等，银行可能会实施冻结，走法律程序等。

办理股权质押贷款的股份在股份公司挂牌后，应当按照中国证券登记结算公司的有关规定办理登记手续，在股权出质期间限制转让，待质押权行使时，按照中国证券登记结算公司的有关规定办理流通手续。

挂牌新三板的企业多为属于成长阶段的中小企业，资产相对较轻，正常情况下难以通过资产抵押从银行获得贷款。企业挂牌新三板后，公司的股权获得了一定的流动性，股东可以将持有的股权质押给银行获得授信额度和贷款。股权质押贷款已经成为挂牌新三板企业的重要融资途径。

2. 信用增进融资

挂牌公司作为非上市公众公司，企业因管理规范、信息披露完备使得其信誉度增强，这为新老客户增加企业授信额度具有促进作用。另外，企业挂牌新三板后，有助于加速企业的资金回笼，其大量的现金可以转化为再生产的资本金，对企业的生存与发展也很重要。目前，已有 70 多家银行与股转系统签署协议，为新三板挂牌企业提供定向金融产品，帮助新三板企业缓解融资难、融资贵问题。

3. 新三板中小企业私募债融资

中小企业私募债发行主体门槛更低。中小企业私募债的监管机构为交易所，审核方式是较为宽松的备案制。发行主体定位为在境内注册未上市的符合工信部相关规定的非房地产、非金融类中小微企业。对发行人的净资产和盈利不作强制性要求。而企业债、公司债的发行主体多为上市公司、国有企业或者行业龙头企业，对其净资产和盈利状况有一定的要求。除此之外，中小企业私募债也不受发债规模不超过企业净资产 40% 的约束，对筹集资金用途也未作限制，发行条款及资金使用更为灵活。

对投资者限制较少。投资人符合交易所规定的私募债权合格投资者资格后即可参与私募债的投资。

对评级和审计的规定较为宽松。公司债、企业债、中票短融等都有强制评级的要求，而中小企业私募债试点办法鼓励企业采取如担保、商业保险等增信措施，没有强制要求评级，备案时仅需提供经审计的最近两个完整会计年度的财务报告。

目前，新三板中小企业私募债尚未推出，相关政策正在进一步研究制定中。

二、新三板债权融资案例

由于股转系统尚未推出中小企业私募债，所以，新三板挂牌企业只能绕道其他交易场所发行私募债。

案例

纬纶环保2015年度私募债券发行

2015年2月5日，北京纬纶华业环保科技股份有限公司召开的2015年第二次临时股东大会，审议通过关于非公开发行2015年私募债的议案。公司向北京股权交易中心提交了关于2015年度私募债券发行在北京股权交易中心备案的申请，获得通过。

北京纬纶华业环保科技股份有限公司2015年度私募债券（以下简称“本期私募债券”）采取向经北京股权交易中心认可的具备相应风险识别和承担能力的合格投资者以非公开发行的方式，发行对象不超过200名；承销商为北京银行股份有限公司中关村分行，承销方式为余额包销，票面利率7.5%，债券期限24个月。

公司于2015年6月23日确认收到本期私募债券承销商北京银行股份有限公司中关村分行汇入公司指定账户的发行款项3000万元，公司按照北京股权交易中心出具的备案通知书要求于2015年7月8日之前完成本期私募债券的登记结算及备案事项。

案例

华索科技发行私募债

2013年11月，北京华索科技股份公司向深交所提交发行中小企业私募债的申请，获准非公开发行，并在深交所备案，有效期为6个月。

（一）具体情况

1. 债券名称：北京华索科技股份有限公司2013年中小企业私募债券；

2. 债券简称及代码：13华索债，118225；

3. 发行总额：本期债券的发行总额为1,000万元；

4. 发行方式：本期债券以非公开方式向具备相应风险识别和承担能

力的合格投资者发行；

5. 发行对象：（1）合格机构投资者：经有关金融监管部门批准设立的金融机构，包括商业银行、证券公司、基金管理公司、信托公司和保险公司等；上述金融机构面向投资者发行的理财产品，包括但不限于银行理财产品、信托产品、投连险产品、基金产品、证券公司资产管理产品等；注册资本不低于人民币1,000万元的企业法人；合伙人认缴总额不低于人民币5,000万元，实缴出资总额不低于1,000万元的合伙企业；符合交易所认可的其他合格投资者。（2）发行人的董事、监事、高级管理人员及持股比例超过5%的股东。本期债券投资者合计不超过200人。

（二）私募债券产品设计

1. 票面金额及发行价格：本期债券面值100元，按面值平价发行；

2. 债券期限：本期债券期限为3年；

3. 发行价格：按面值发行；

4. 票面利率：本期债券的票面利率为8.3%；

5. 计息方式：按年计息，不计复利；

6. 还本付息方式：每年末付息一次，于债券发行第一年末兑付面值为100万的债券，第二年末兑付面值为100万的债券，第三年的第6个月以及第12个月分别兑付面值为400万的债券。发行人按照登记机构相关业务规则将到期的利息和/或本金足额划入登记机构指定的银行账户后，不再另计利息；

7. 发行首日/起息日：本期债券起息日为2014年4月3日；

8. 付息日和本金兑付日：本期债券付息日为2015年4月3日、2016年4月3日、2017年10月3日、2017年4月3日（如遇法定节假日或休息日，则顺延至其后的第一个工作日）；顺延期间不另计利息。本期债券的兑付日为2017年10月3日和2017年4月3日（如遇法定节假日或休息日，则顺延至其后的第一个工作日）；顺延期间不另计利息；

9. 特殊条款：无；

10. 担保措施及担保：本次债券发行由北京中关村科技融资担保有限公司提供全额无条件不可撤销的连带责任保证担保。本公司通过资产抵押和股权质押进行反担保。抵押资产为公司位于北京市海淀区上地东路1号院5号楼4层403房产，该房产已于2013年12月20日抵押给北京中关村科技融资担保有限公司，手续已办妥；股权质押为公司大股东郭力持有的500万股，本次质押的股份全部为限售股，占公司总股本的16.67%，质押权人为北京中关村科技融资担保有限公司，并于2013年12月12日在中国证券登记结算有限责任公司深圳分公司完成质押登记手续；

11. 私募债券受托管理人：东海证券股份有限公司；

12. 偿债保障机制及限制股息分配措施：

（1）发行人已设立偿债保障金专户，用于兑息、兑付资金的归集和管理；

（2）发行人已作出股东会决议，在出现预计不能按期偿付本期债券本息或者到期未能按期偿付本期债券本息时，公司将至少采取以下措施：①不向股东分配利润；②暂缓重大对外投资、收购兼并等资本性支出项目的实施；③调减或停发董事和高级管理人员的工资和奖金；④主要责任人不得调离；

（3）发行人已聘请东海证券股份有限公司为本期债券受托管理人，并与受托管理人制定债券持有人会议规则；

（4）发行人承诺，在本期债券存续期内，若未能足额提取偿债保障金，不以现金方式进行利润分配。

（三）私募债券资信评级机构与信用等级

本期债券无评级。

（四）承销商和承销方式

1. 承销商：东海证券股份有限公司；

2. 承销方式：以代销的方式承销。

（五）募集资金用途和用途变更程序

本次发行的私募债券的募集资金拟用于补充公司流动资金，并不得变更。若需变更，须经股东大会及债券持有人会议通过。

（六）登记注册安排

本期债券已于2014年6月10日在中国证券登记结算有限责任公司深

圳分公司登记注册。

（七）提供转让服务安排

本期私募债券将仅通过深圳证券交易所综合协议交易平台转让，除此之外不在集中竞价系统和其他任何场所交易。私募债券转让的最低限额为单笔现货交易数量不低于5000张或者交易金额不低于人民币50万元，单笔现货交易数量低于5000张且交易金额低于人民币50万元的私募债券份额在综合协议交易平台中无法转出。同时，私募债券的认购和转让仅面向合格投资者，深圳证券交易所按照申报时间先后顺序对私募债券的转让进行确认，对导致私募债券投资者超过200人的转让不予确认。请投资者关注该等债券交易风险。

2014年4月3日，该债券发行成功，实际发行对象为一家商业银行。

第七章

新三板企业并购重组

§ 第一节　并购重组概述 §

一、概念

并购重组，就是公司通过收买其它企业部分或全部的股份，取得对这家企业控制权，并对企业进行重新整合的产权交易行为。并购重组，简单地说就像两条河流并入长江一样，合并之前是两个不同的公司，两条不同的河流并入长江就变成一个公司。

二、企业并购重组的法律形式

1. 按照并购双方的产业特征分：

（1）横向并购；（2）纵向并购；3）混合并购；

2. 按照并购价款的支付方式划分：（1）现金支付型；（2）换股并购型；（3）零成本收购型；（4）划拨型；（5）债权支付型。

3. 按照并购后的法律状态划分：（1）新设法人型；（2）吸收合并型；（3）控股型。

4. 按照并购双方是否友好协商划分：（1）善意并购；（2）敌意并购。

5. 按照是否通过证券交易所划分：（1）要约并购；（2）协议并购。

6. 从并购行为的角度划分：（1）直接并购；（2）间接并购。

7. 其他主要的并购类型：（1）杠杆收购（LBO）；（2）管理层收购（MBO）。

三、我国国有企业并购重组的主要形式

1. 通过协议收购上市公司非流通股直接控股上市公司；

2. 通过收购上市公司流通股直接控股上市公司；

3. 上市公司向外资定向增发 B 股以使其达到并购目的；

4. 通过换股的方式直接并购上市公司；

5. 上市公司向外资发行定向可转换债券以达到收购目的；

6. 外资通过收购上市公司的核心资产实现并购目的；

7. 利用债转股市场并购国有企业。

四、新三板并购重组参考文件

新三板公司并购重组制度体系

法律法规	《中华人民共和国证券法》
	《中华人民共和国公司法》
规范性文件	《国务院关于全国中小企业股份转让系统有关问题的决定》
	《国务院关于进一步优化企业兼并重组市场环境的意见》
部门规章	《非上市公众公司收购管理方法》
	《非上市公众公司重大资产重组管理方法》
业务细则	《全国中小企业股份转让系统非上市公众公司重大资产重组业务指引（试行）》
	《全国中小企业股份转让系统重大资产重组业务指南第 1 号：非上市公众公司重大资产重组内幕信息知情人报备指南》
自律规则	《全国中小企业股份转让系统非上市公众公司重大资产重组业务指引（试行）》
	《全国中小企业股份转让系统重大资产重组业务指南第 2 号：非上市公众公司发行股份购买资产构成重大资产重组文件报送指南》

§ 第二节 新三板成为并购重组的重要战场 §

一、新三板批量地解决了被并购方的信息不对称

上市公司的运作和经营对比没有上市的公司来讲要更加规范和透明，

也就是说，企业在挂牌之前和挂牌之后是不同的。新三板市场的门槛虽然不是特别高，但在挂牌的过程中，经过券商、会计师、律师等中介机构的规范，公司开始进行规范化的管理和经营，之前不规范的问题得到了解决。

这所有的工作都有利于企业的并购。因为股转系统给企业挂牌新三板之后提供了公开转让或者公开的信息。

在过去的并购重组的过程中，并购方常常因为获取不到被并购方的真实信息，往往会造成信息不对称的问题，所以很多并购重组的方案在启动以后又被搁置，但是新三板市场在某种程度上解决了信息不对称的问题。因为挂牌企业必须要按照规定进行披露信息。

二、新三板给收购方提供了更多便利

在主板市场上，如果一个投资者需要举牌上市公司的话，持股超过5%就必须要停牌并公告。

在新三板市场上，收购方持股超过10%股份的时候才需要公告。

同时，在主板市场上，投资方持有上市公司股份达到30%的时候，就触及到了要约收购的红线，这时候要么向证监会提出豁免全面收购要约，要么就不得不继续收购。而新三板没有这方面的规定。

从这些角度来看，新三板给收购方提供了一个更便利的平台。新三板挂牌的企业非常多，且涵盖的行业范围非常的广泛。而且已经有不少在细分行业内比较好的企业被同行业的上市公司所收购。

接下来，更多的这类企业会进入上市公司所观察的范围，未来新三板市场的并购重组会越来越活跃。

三、有机会反向收购上市公司

新三板市场同时也为挂牌企业提供资金。在新三板挂牌之后，融资的便捷度会提高。一些在新三板挂牌的企业，通过在新三板挂牌之后融资，反向收购上市公司。

比如九鼎投资收购了中江地产；比如中科招商在新三板挂牌之后，取得大量融资，然后在开始频繁地在主板市场举牌；和君商学刚刚挂牌的时候和君商学总资产只有三千多万，但是通过定增募集了14个亿以上的资金之后，也打算收购创业板的上市公司。

事实上，新三板市场的未来不光是上市公司去新三板收购。新三板提供了一个广泛的可供选择的样本市场，一些好的企业在新三板市场挂牌之后通过融资壮大自身的力量，也可以反向收购上市公司。

新三板市场的兼并收购具体表现为三个维度：一个方面是可以做纵向收购，或者是说被收购；第二点是可以做并购垄断；第三点就是说同行业之间联合起来共同的收购上市公司。

四、并购重组提升了新三板企业的流动性

通过新三板同行业企业的并购，可以和这个行业里面上游或者下游的企业打造一个纵向的收购，壮大企业的实力，构建一个完整的产业链，这样非常有利于企业的发展壮大；新三板的企业和上市公司之间对相关行业进行纵向收购同样也可以壮大新三板公司以及上市公司的发展实力。

通过上市公司以及其他的新三板公司合并收购可以达到相对的在某个细分行业的垄断地位。比如在某个行业有几家公司合并之后，可以影响某个产品的定价，也可以对某些行业施加更大的市场影响。

一些行业相关的新三板公司如果实力不够，可以考虑联合起来共同收购一家上市公司，然后把大家整合到一起形成相关行业巨无霸公司。这样也可以达到垄断市场的目的。

这些收购兼并都可以提升企业的流动性。即便在分层管理之后，未来新三板市场的流动性也很难达到主板沪深交易所现在的流动性。一些顶层的企业在得到投资者门槛降低之后，有可能会带来比较活跃的交易，但绝大多数的交易应该都不会太活跃。那么更大的退出通道就是通过新三板的并购重组来获得。未来新三板的并购重组是新三板绝大多数企业

提供流动性的主要途径。

总之，不管是新三板市场还是主板市场，未来并购重组不会仅仅局限于新三板市场内部的并购、也不会局限于未来主板市场上的公司收购新三板公司，新三板的企业联合起来收购上市公司也会发生。

五、稀缺标的会成为并购热门

未来新三板有哪些企业会成为并购热门呢？我认为有稀缺概念的新三板公司可能会成为收购的主要标的。这个稀缺性是指部分公司在某些行业具有稀缺性的技术或资产，它已经成为了某个细分行业的龙头企业。这样的公司都很有可能被主板并购。

§ 第三节　新三板企业并购重组实务 §

一、收购人资格要求

良好诚信记录、法人应当具有健全的公司治理机制、不得利用收购损害被收购公司及其股东的合法权益。

有下列情形之一的，不得收购公众公司：

收购人负有数额较大债务，到期未清偿，且处于持续状态；

收购人最近两年有重大违法行为或者涉嫌有重大违法行为；

收购人最近两年有严重的证券市场失信行为；

收购人为自然人的，存在《公司法》第一百四十六条规定的情形；

法律、行政法规规定以及中国证监会认定的不得收购公众公司的其他情形。

二、关于财务顾问

收购方原则上必须聘请，且在收购完成后 12 个月内持续督导；财务顾问认为收购人利用收购损害被收购公司及其股东合法权益的，应当拒绝为收购人提供财务顾问服务。

例外情况：国有股行政划转或者变更、因继承取得股份、股份在同一实际控制人控制的不同主体之间进行转让、取得公众公司向其发行的新股、司法判决导致收购人成为或拟成为公众公司第一大股东或者实际控制人。

可以聘请（要约收购中），可以是主办券商，但影响独立性、顾问资格受限的除外；可以同时聘请其他机构。

三、关于被收购公司控股股东及董监高

1. 控股股东和实际控制人

不得损害公司及其他股东利益；如果存在及时消除，不能消除做出弥补安排，对不部分应提供履约担保或安排，并提交股东大会审议通过（回避表决）。

2. 董事、监事、高级管理人员

忠实义务和勤勉义务；针对收购所决策应当有利于维护公司及其股东的利益，不得滥用职权对收购设置不适当的障碍，不得利用公司资源向收购人提供任何形式的财务资助。

四、关于信息披露义务人

信息披露义务人应尽到披露义务和保密义务，信息披露义务人依法披露前，相关信息已在媒体上传播或者公司股票转让出现异常的，公众公司应当立即向当事人进行查询，当事人应当及时予以书面答复，公众

公司应当及时披露。

五、权益披露规则要点

（一）首次触发条件

触发条件（其一即可）：

通过全国股份转让系统的做市方式、竞价方式进行证券转让，投资者及其一致行动人拥有权益的股份达到公众公司已发行股份的10%。

通过协议方式，投资者及其一致行动人在公众公司中拥有权益的股份拟达到或者超过公众公司已发行股份的10%。

披露要求：

投资者及其一致行动人应当在该事实发生之日起2日内编制并披露权益变动报告书，报送全国股份转让系统，同时通知该公众公司；自该事实发生之日起至披露后2日内，不得再行买卖该公众公司的股票。

（二）持续触发条件

制度要点：

前提：投资者及其一致行动人拥有权益的股份达到公众公司已发行股份10%后。

触发条件：其拥有权益的股份占该公众公司已发行股份的比例每增加或者减少5%（即其拥有权益的股份每达到5%的整数倍时）。

披露要求：应当依照首次触发权益披露的规定进行披露；自该事实发生之日起至披露后2日内，不得再行买卖该公众公司的股票。

（三）特别说明

持股比例计算——间接持股合并计算，一致行动人持股合并计算。

几种特殊情况：

通过行政划转或者变更、执行法院裁定、继承、赠与等方式导致触发权益变动的，需要履行披露义务。

投资者虽不是公众公司的股东，但通过投资关系、协议、其他安排等方式进行收购触发权益变动的，需要履行披露义务。

发行新股或减资达到应披露比例的，无需履行权益变动披露义务。

六、控制权变动规则要点

（一）适用条件

通过证券转让成为公众公司第一大股东或实际控制人。

通过投资关系、协议转让、行政划转或者变更、执行法院裁定、继承、赠与、其他安排等方式，成为或拟成为公众公司第一大股东或者实际控制人且拥有权益的股份超过公众公司已发行股份10%的。

（二）披露要求

基本披露要求：

自前述事实发生之日起2日内编制收购报告书，连同财务顾问专业意见和律师出具的法律意见书一并披露，报送全国股份转让系统，同时通知该公众公司；

收购公众公司股份需要取得国家相关部门批准的，收购人应当在收购报告书中进行明确说明，并持续披露批准程序进展情况。

（三）协议收购的过渡期问题

定义：自签订收购协议起至相关股份完成过户的期间为公众公司收购过渡期。

对被收购公司过渡期的要求：

收购人不得通过控股股东提议改选公众公司董事会，确有充分理由改选董事会的，来自收购人的董事不得超过董事会成员总数的1/3。

不得为收购人及其关联方提供担保，不得发行股份募集资金。

除正常经营活动或者执行股东大会已决事项外，拟处置公司资产、调整公司主要业务、担保、贷款及可能对资产、负债、权益或者经营成果造成重大影响的事项，应当提交股东大会审议通过。

（四）股份限售要求

收购完成后收购人成为公司第一大股东或者实际控制人的，收购人持有的被收购公司股份，在收购完成后12个月内不得转让。

收购人在被收购公司中拥有权益的股份在同一实际控制人控制的不同主体之间进行转让不受前述 12 个月的限制。

（五）对被收购公司控股股东、实际控制人的特殊要求

1. 尽职调查要求

向收购人协议转让其所持有的公众公司股份的，应当对收购人的主体资格、诚信情况及收购意图进行调查，并在其权益变动报告书中披露有关调查情况。

2. 消除损害要求

未清偿其对公司的负债，未解除公司为其负债提供的担保，或者存在损害公司利益的其他情形的，被收购公司董事会应当对前述情形及时披露，并采取有效措施维护公司利益。

七、要约收购规则要点

（一）类型及基本要求

两种类型：全面要约、部分要约；差异在于要约收购的股份数量不同。

基本要求：

预收比例不得低于该公众公司已发行股份的 5%。

根据公司章程规定需要发出全面要约收购的，同一种类股票要约价格不得低于要约收购报告书披露日前 6 个月内取得该种股票所支付的最高价格。

收购人披露后至收购期限届满前，不得卖出被收购公司的股票，也不得采取要约规定以外的形式和超出要约的条件买入被收购公司的股票。

公众公司应当在公司章程中约定在公司收购时收购人是否需要向公司全体股东发出全面要约收购，并明确全面要约收购的触发条件以及相应制度安排。

（二）信息披露要求

要约收购报告书，财务顾问专业意见和律师出具的法律意见书；报

送全国股份转让系统，同时通知被收购公司。

要约收购需要取得国家相关部门批准的，收购人应当在要约收购报告书中进行明确说明，并持续披露批准程序进展情况。

没有事先核准或事后备案要求。

（三）支付手段

手段种类：现金、证券、现金与证券相结合等合法方式支付。

证券支付的特殊要求：

披露该证券的发行人最近两年经审计的财务会计报表、证券估值报告，并配合被收购公司或者其聘请的独立财务顾问的尽职调查工作。

收购人以未在中国证券登记结算有限责任公司登记的证券支付收购价款的，必须同时提供现金方式供被收购公司的股东选择，并详细披露相关证券的保管、送达被收购公司股东的方式和程序安排。

（四）履约保障

将不少于收购价款总额的20%作为履约保证金存入中国证券登记结算有限责任公司指定的银行等金融机构。

收购人以在中国证券登记结算有限责任公司登记的证券支付收购价款的，在披露要约收购报告书的同时，将用于支付的全部证券向中国证券登记结算有限责任公司申请办理权属变更或锁定。

银行等金融机构对于要约收购所需价款出具的保函。

财务顾问出具承担连带担保责任的书面承诺。如要约期满，收购人不支付收购价款，财务顾问应当承担连带责任，并进行支付。

（五）对被收购公司的要求

董事会：对收购人的主体资格、资信情况及收购意图进行调查，对要约条件进行分析，对股东是否接受要约提出建议，并可以根据自身情况选择是否聘请独立财务顾问提供专业意见。

董事：要约收购期间，被收购公司董事不得辞职。

（六）收购期限

不得少于30日，并不得超过60日；但是出现竞争要约的除外。

自要约收购报告书披露之日起开始计算；需要取得国家相关部门批

准的，收购人应将取得的本次收购的批准情况连同律师出具的专项核查意见一并在取得全部批准后两日内披露，收购期限自披露之日起开始计算。

承诺期限内要约不可撤销。

要约收购期限内，收购人应当每日披露已预受收购要约的股份数量。

要约收购期限届满后两日内，收购人应当披露本次要约收购的结果。

（七）要约变更

变更收购要约需遵守的规定：

重新编制并披露要约收购报告书，报送全国股份转让系统，同时通知被收购公司。

变更后的要约收购价格不得低于变更前的要约收购价格。

要约期限届满前 15 日内，收购人不得变更收购要约；但是出现竞争要约的除外。

（八）竞争邀约

关于竞争要约的披露时间：

发出竞争要约的收购人最迟不得晚于初始要约收购期限届满前 15 日披露要约收购报告书，需履行披露义务。

关于初始要约收购期限的延长：

发出初始要约的收购人变更收购要约距初始要约收购期限届满不足 15 日的，应当延长收购期限，延长后的要约期应当不少于 15 日，不得超过最后一个竞争要约的期满日，并按规定比例追加履约保证能力。

（九）预受股东及要约期满后的处理

关于预受股东：

应当委托证券公司办理预受要约的相关手续，要约收购期限届满前两日内，预受股东不得撤回其对要约的接受。

关于要约期满后处理：

部分要约：应当按照收购要约约定的条件购买被收购公司股东预受的股份；预受要约股份的数量超过预定收购数量时，收购人应当按照同等比例收购预受要约的股份。

全面要约：应当购买股东预受的全部股份。

§ 第四节　案例分析 §

案例

依据风格信息2014年度报告，公司控股股东和实际控制人同为自然人惠新标先生，其持有公司349.9650万股股份，占公司股份总额的33.33%。肖凌未持有公司股份。2015年6月2日，公司公布收购报告书。

收购人肖凌持有上海沉诚厚欣网络科技有限公司96.03%的股份，持有上海雷芒网络科技有限公司90%的股份，持有上海六分网络科技有限公司100%的股份，持有上海猫狩网络科技有限公司100%的股份。

2015年6月1日，收购人肖凌与股份转让方惠新标、严罡、张潇臻等21名股东签订《关于风格信息之股份转让协议》，本次股份转让由收购人肖凌从转让方处共计受让风格信息3,448,428股可转让股份。本次收购后，肖凌持有公司的股份比例为32.84%，成为公司第一大股东，且由于肖凌拟担任公司董事长职位，其成为公司实际控制人。原公司控股股东、实际控制人惠新标的持股比例下降为25%，且其将辞任公司董事长职务，逐步淡出公司经营决策和管理。本次股份转让的定价参考风格信息2014年度经审计的每股净资产值。经出让方与受让方协商一致决定，本次标的股份转让定价为每股人民币1.80元，本次收购价款总额为6,207,170.40元。

2015年6月11日，公司发布收购资产暨关联交易公告。根据公告，2015年6月11日，公司与上海沉诚厚欣网络科技有限公司签订现金购买资产协议书，拟以957.83万元购买其部分办公电子设备和《少年四大名捕：大对决》游戏软件V1.0.0著作权。根据公司2014年度报告，截至2014年12月31日，公司总资产37,923,724.39元，净资产16,247,235.84元。上海沉诚厚欣网络科技有限公司为公司实际控制人肖凌控股的公司，本次交易构成关联交易，不构成重大资产重组。根据经审计账面价值或评估价值为参考依据，本次交易标的中的办公电子设备的评估价值为391,793.70元（账面原值：521,314.06元），《少年四大名捕：大对决》游戏软件V1.0.0著作权的评估价值为9,186,500.00元（账面原值：0元）。

2015年8月10日，公司2015年度第二次临时股东大会审议通过《上海风格信息技术股份有限公司股票发行方案》。根据方案，公司本次股份发行数量不超过13,000,000股；认购价格：1.55元/股；认购方式：现金；认购对象为肖凌女士、李天杰先生、韦红女士、王欢先生、上海意领企业管理咨询有限公司（法定代表人为肖凌，与公司存在关联关系）、新疆通海股权投资合伙企业（有限合伙）、北京凯桥科技文化有限公司认购。

案例

根据道从科技2014年度报告，公司控股股东、实际控制人为白书锋和栾斌夫妇，自公司成立以来，该二人合计持有的股权一直处于绝对控股地位，目前合计持有公司405万股股份，占公司总股本的81.00%。

2014年11月4日，道从科技发布股票发行方案。根据方案，公司拟以每股人民币1元的价格向郭书安定向发行520万股股票，本次募得的520万元将用于补充公司流动资金。本次发行后，郭书安持有道从科技520万股股份，占总股本的50.98%，公司控股股东将由白书锋、栾斌夫妻变更为郭书安。本次股票发行因认购方郭书安未在规定的缴纳期限完成缴款而失败。

2015年6月17日，道从科技公布收购报告书。根据报告书，2015年6月15日，王彦直、深圳盖娅网络科技有限公司（以下简称“深圳盖娅”）与栾斌、白书锋、张颖、刘小勇、郃永刚签订了股份转让协议，约定王彦直、深圳盖娅以每股3.2元的价格分别受让105.9万股、256.475万股。本次股权转让完成后，深圳盖娅成为道从科技的控股股东；王彦直直接持有道从科技21.180%股份，通过深圳盖娅持有道从科技

51.295%股份，合计持有、控制道从科技72.475%股份，为道从科技的实际控制人。

紧接着，道从科技于2015年7月再次公开股票发行方案。根据方案，道从科技拟向现有股东深圳盖娅、王彦直、姜洪文、张淑娟及白书锋以1.25元每股的价格发行共计12050万股以补充公司流动资金。

2015年8月31日，道从科技发布重大资产重组进展公告。根据公告，公司正在筹划的重大事项已确定为重大资产重组事项，公司股票已于2015年7月31日开市起暂停转让。

案例

天翔昌运于2014年5月30日在全国中小企业股份转让系统挂牌并公开转让。截至2014年12月31日，万朝文先生持有天翔昌运3,834,163股，占挂牌公司总股本的49.16%。

今年2月19日，天翔昌运公告权益变动报告书，万朝文先生于2015年1月16日通过全国中小企业股份转让系统以协议转让的方式减持所持有的天翔昌运流通股755,000股，占天翔昌运总股本的9.68%。本次权益变动前，万朝文未通过全国中小企业股份转让系统以协议转让方式转让过股份。本次权益变动前，海文投资未持有天翔昌运公司股份。上述转让后，万朝文先生持有天翔昌运3,079,163股，占公司总股本的39.48%。上述转让后，海文投资持有天翔昌运755,000股，占公司总股本的9.68%。

2月2日，天翔昌运公告股票发行方案，该方案后被2月16日的版本所更新。根据2月16日公告的股票发行方案，本次股票发行拟向2名原机构投资者、4名新增机构投资者、3名原自然人股东、4名新自然人投资者定向发行1674万股。而本次发行认购人与天翔昌运及主要股东存在如下关联关系：（1）海文投资系公司现有股东，持有公司755,000股（现持股比例为9.68%），海文投资的执行事务合伙人陈海平与公司现有股东陈北罗系父子关系，陈北罗同时也是海文投资的有限合伙人；（2）湖北联飞翔汽车科技有限公司（以下简称“湖北联飞翔”系陈海平对外投资的企业，陈海平持有该公司13.27%股份，陈海平在2014年12月30日之前担任湖北联飞翔的法定代表人及总经理。

3月3日，天翔昌运公告收购报告书。根据报告书，天翔昌运定向发行1674万股，每股1.30元。其中，海文投资以现金认购本次发行的股份539万股，认购资金总额700.70万元。本次收购实施前，收购人海文投资持有天翔昌运755,000股股份，持股比例为9.68%。本次收购完成后，收购人海文投资将持有天翔昌运6,145,000股股份，持股比例为25.04%。本次收购将导致天翔昌运控制权发生变化，海文投资将成为天翔昌运的控股股东，陈海平将成为天翔昌运的实际控制人。

本次收购完成后，收购人将积极寻求具有市场发展潜力的投资项目并纳入公众公司。

后　记

新三板，我们一起并肩前行

出书的目的是什么？当有出书的想法时我曾经问过自己，后来自己想清楚后才决定出《浩说新三板》系列丛书。出书的目的就是说真话，无论从哪个角度讲，至少我认为自己在用良心写书，这样才能做到给想进入资本市场的中小企业家一些帮助。虽然自己诚惶诚恐，但也始终相信，凭借自己多年经验的积累以及对新三板市场的不断探索，会给读者带来一些启发和思考的空间。

转眼间，自己进入新三板市场已有些年头，回想起当初的梦想，有多少已经完成？又有多少遥遥无期呢？庆幸的是，我个人选择了新三板领域，一个充满梦想、充满挑战的资本游戏。

新三板的如火如荼，让我这个新三板"老兵"倍感兴奋，但同时又觉得心慌无措。因为整个新三板市场日新月异，制度建设不断推进，资本新玩法大量涌现，看的我是眼花缭乱，应接不暇，每天自己都在努力学习，拼命奔跑，可还是跟不上新三板的发展脚步，太快了，真是太快了。

新三板，请你慢点走。

但猛然发现，自己如何努力也走不到时代的前面了。作为中国资本市场的新生力量，新三板市场应该属于更年轻的一代人们。但在新三板领域摸爬滚打的这些年里，个人认为自己还是对整个新三板市场做出了些许贡献。拿 2014 年来说，我一个人就在全国几十个城市为中小企业家们讲了 100 堂大课，都是有关新三板的政策走向和行业分析，其中部分侥幸言中。

大众创业、万众创新是经济发展的新引擎，而新三板市场的发展应为创新企业服务，为创新资本服务，北京科创企业投融资联盟将充分整合新三板各方资源，响应实现中华民族伟大复兴的“中国梦”的时代号召，秉持“携手共赢、共享未来”的理念，每年都会举办4次大型的新三板高峰论坛：新三板华山论剑颁奖盛典、新三板北戴河会议、中国新三板文化节、新三板泰山大会，每次大会主题与侧重点都不一样，但都是为了搭建中国科创企业投融资的产业平台，共筑“十三五规划”美好愿景。

未来，北京科创企业投融资联盟将陆续举办一系列的大型新三板峰会，作为北京科创企业投融资联盟的秘书长，自己兴奋的同时，也深知肩上的担子着实不轻。

作为新三板的鼓呼者和传道者，李浩还是合格的，所以即便自己真的老了，新三板的发展势头再凶猛，我仍然对自己充满信心。

2016年是广大市场人士享受新三板政策红利的一年。投资门槛有望降低、竞价交易箭在弦上、转板制度即将打通。利好不断，自己又该何去何从？我会继续给中小企业家们讲课，举办新三板主题峰会，推出自己筹备的基金，与新三板企业家们加强交流、深度合作。

总之，我要努力跟上新三板的发展步伐。走快点，何尝不是一种积极的人生态度！

记得前些日子在清华大学为企业家们做培训时，看到了清华大学的校训：“天行健，君子以自强不息。地势坤，君子以厚德载物。”君子处事应该像天一样，接物度量应该像大地一样。和年轻人们掰一掰手腕，看谁能够玩转新三板！

新三板，让我们一起并肩前行！

李 浩

2016年4月